생산자의 법칙

무 질 서 한 삶 의 추 세 를 바 꾸 는

생산자의 법칙

스테르담 지음

언더라인

엔트로피 법칙에서 발견한
생산자의 법칙

무기력한 날들의 반복이었다. 직장인으로서의 하루를 마치고 나면, 나는 아무것도 할 수가 없었다. 피로감은 육체를 넘어 영혼까지 잠식해가고 있었다. 뭐라도 해야 한다고, 무기력의 구렁텅이에서 빠져나와야 한다고 본능적인 생존 기제가 소리쳤다. 그러나 겨우 몸을 움직여 하는 거라고는 짧은 영상을 보는 일이었다. 잠깐 보는 건 몸을 일으키는 데 도움이 될 줄 알았건만, 한두 시간이 무섭게 지나갔다. 그러다 잠들고는 다음날 직장에서 허덕이고, 집에 돌아와 아무것도 하지 않는 나를 다그치며 스마트폰과 함께 잠들기를 반복했다.

무기력은 무기력을 낳는다. 그것도 복리로. 계속 넘어지다 보면 그저 주저앉고 싶어진다. 마냥 주저앉아 있으면 일어나는 법을 잊는다. 심지어 왜 일어나야 하는지 이유조차 모르게 된다.

나는 이 악순환의 고리를 끊고 싶었다. '어떻게 해야 할까?', '이 고리는 누가 끊어줄 수 있을까?' 나는 스스로에게 묻고 또 물었다.

'나 왜 이렇게 소비적으로 살고 있지?'

이러한 질문은 꽤 의미가 있다. 나는 스스로에게 질문을 건넨 적이 별로 없었다. 질문이 없다는 건 무언가를 궁

금해하지 않는다는 뜻이다. 궁금해하지 않으면 내게 일어난 일이나 문제에 대한 답을 찾을 수가 없다. 그저 세상이 내어놓는 기준과 답에 가까워지려 허덕일 뿐이다. 그 답은 내 것이 아니다. 스스로에게 질문을 던지기 시작하니, 답을 찾으려 할 때는 보이지 않던 것들이 서서히 보이기 시작했다.

'(그렇다면) 나는 무엇을 생산해낼 수 있을까?'

효과가 바로 나타났다. 질문과 함께 '나'라는 자아가 반응한 것이다. 질문에 대한 나만의 답을 글로 적어 내려갔다. 더 많은 질문을 던져보자는 욕망과 더 나은 답을 찾아보자는 오기가 나를 쓰게 만들었다. 나 자신조차 인지하지 못했던 것들이 봇물 터지듯 마음으로부터 세차게 흘러나왔다. 글을 쓰며 스스로를 돌아보고, 내가 원하는 것이 무엇인지를 진지하게 물었다. 그리고 깨달았다. 답은 질문하는 자의 것이라는 것을.

무기력은 게으름을 동반한다

무기력은 게으름을 동반한다. 나를 돌아보는 그 쉬운 질문 하나 던지지 못할 정도로 나는 게을렀다. 게으름에도 종류가 있는데, 크게 두 가지로 나눌 수 있다. '선순환의 게으름'과 '악순환의 게으름'. 전자는 휴식이나 창의성이 필요할 때 유효하다. 그만큼 치열하게, 열심히 살아야만 느낄 수 있다. 치열한 일상에서 속도를 잠시 줄였을 때 떠오르는 영감은 삶에 큰 변곡점이 되는 경우가 많은데, 이는 더 열심히 그리고 잘 살아갈 수 있게 하는 원동력이 된다.

문제는 후자다. 게으름이 악순환되면 무기력과 게으름 또한 복리로 늘어난다. 육체적 게으름은 정신적 게으름으로 확산되고, 정신적 게으름은 다시 몸을 망가뜨린다. 망가진 몸은 모든 의욕을 없애버리고, 의욕이 없어진 존재는 나 자신에게 관심조차 가지려 들지 않는다. 그저 좀비처럼 하루하루를 살아낼 뿐이다. 잠들기 전에 들여다보는 스마트폰 속 짤막한 콘텐츠에 심취하여 스스로가 좀비인지 사람인지도 묻지 않은 채 하루를 마감한다.

나는 한때 게으름을 슬럼프로 착각하기도 했었다. 그것은 게으름에 대한 합리화를 하기 위한 의도된 착각이었다. '이 정도면 열심히 사는 거 아닐까?'라는 생각으로 오늘 일을 내일로 미뤘다. 세상에서 가장 소모적인 단어는 '나중'이다. 반면, 가장 생산적인 단어는 '지금'이다. '나중'은 주저하게 만들고, '지금'은 실행하게 만든다. 지금 해야 할 것을 내일로 미룸으로써 가장 많이 피해를 본 건 다름 아닌 '나 자신'이었다. 합리화가 말 그대로 합리적이 되려면 내 기분이 좋아야 한다. 행복함을 느끼거나 "그래 괜찮아."라는 말을 스스로에게 할 줄 알아야 하는데, 그러기는커녕 스스로를 경멸하고 증오하는 날들이 더 많았다.

'악순환의 게으름'이 무서운 이유는 바로 이것이다. 악순환에 빠져드는 건 게으름이 아니라 바로 나 자신이며, 이 악순환에서 빠져나오지 못하면 삶은 언제나 잿빛 안에 머무르기 때문이다.

무기력에서 벗어나
무엇이든 해내는 생산자의 삶으로

결론부터 말하자면 나는 무기력과 게으름에서 벗어났다. 그 뿐만이 아니다. 내가 계획한 것보다 더 많은 것을 이루고 있고, '해야 하는 일'보다 '하고 싶은 일'을 더 많이 해내며 살고 있다. 더 중요한 건 '생산자'로 거듭났다는 것이다. 무기력과 게으름이 몰려와도 더 이상 악순환에 빠지지 않게 되었다. 오히려 그것들을 선순환을 위한 에너지로 활용할 여유도 갖게 되었다. 덩치 큰 상대가 내게 달려올 때, 달려오는 그 속도와 무게를 활용하여 상대를 엎

어뜨리거나 제압하는 것처럼 말이다.

무색무취의 평범한 인간. 알람 소리에 눈을 떠 도살장 끌려가는 소처럼 무거운 발걸음을 이끌고 출근했던 직장인. 무엇을 좋아하는지도, 무엇을 잘하는지도 몰랐던 가련한 존재는 그렇게 스스로 선순환의 구조를 만들어냈고, '생산자'라는 새로운 삶을 영위하고 있다.

나는 이제 더 이상 직장으로 향하는 발걸음을 머뭇거리지 않는다. 생산하는 삶으로의 변화 이후, 나는 직장에서 핵심 인재로 거듭났다. 젊었을 때 시간과 돈이 없어 하지 못했던 MBA 공부도 회사 지원으로 공부할 수 있게 되었다. 경쟁이 치열한 해외 주재원이란 기회도 두 번이나 얻어 유럽과 중남미에서 가족과 함께 각각 4년을 보냈다. 이 기간 동안 가족들이 얻은 타 문화 경험과 해외 학업의 기회는 돈으로 환산할 수 없는 값어치라 생각한다. 무엇보다 본업에서 '업業'을 찾아냈다는 것이 내심 보람차다.

모든 업무와 도전은 언젠가 회사에서 벗어나 내가 바라는 일을 할 때의 그것과 연관시킬 수 있는 관점을 갖게 해준다. 그러니 출근은 더 이상 내게 두려운 무엇이 아니라 하루하루 설레는 배움의 기회인 것이다.

이러한 변화는 '글쓰기'로부터였다고 해도 과언이 아니다. 글쓰기는 지긋지긋한 무기력에서 벗어나고자 선택한 소모적이고 소비적인 존재의 발버둥이었다. 이것은 놀라운 변화를 가져왔다. 글을 써본 적도, 글쓰기를 배운 적도 없지만, 나를 이해하기 위해 쓰기 시작한 글들이 나 자신을 생산자로 변모시킨 것이다. 그저 내 이야기를 썼을 뿐이고, 마음속의 것들을 꺼내었을 뿐인데, 나는 어느 새 아홉 권의 책을 출간한 베스트셀러 작가가 되어 있었다. 평범한 직장인의 시절에는 상상조차 할 수 없던 일들이다. 흥미로운 사실은 내가 특별한 무언가를 쓴 건 아니라는 것이다. 내 본업을 토대로 한 내 생각과 깨달음을 글로 엮으니 그것들은 그 자체로 콘텐츠가 되었다. 결국 모든 변화의 시작은 '나 자신'으로부터였고, 스스로를 얼마나 더 많이 이해하느냐에 따라 성공의 기회는 더 많아진다는 걸 알게 되었다.

본업에서 오는 인정과 글쓰기를 통해 생산된 내 콘텐츠들은 그것을 사람들에게 나누어보라며 내 등을 떠밀었다. 예전이라면 감히 생각조차 하기 힘든 일이었다. 내 주제에? 내가 뭐라고. 직장에선 일로 헐떡거리고, 집에 돌아와 아무것도 하지 못하던 게으른 존재가 일과 글쓰기 그리고 사이드 프로젝트를 해낼 수 있을까? 그렇다. 지금은 모두 다 해내고 있다. 아니 그 이상을 해내고 있다. 기업체, 관공서, 대학교, 방송에서 강연과 글 기고 그리고 협업 등의 섭외가 들어온다. 작가 외에 강연가라는 페르소나를 쓰게 되었다. 글쓰기 기반의 커뮤니티를 운영하며 다양한 사이드 프로젝트를 벌이고 있으며, 이를 통해 월급 외 경제적 파이프 라인을 구축·확장해가고 있다.

이 외에도 가족의 구성원으로서 남편과 아빠라는 역할도 제대로 해내고 있다. 또한 내가 무엇을 좋아하고 잘하는지를 본업과 사이드 프로젝트를 통해 알아가며, 역량을 원하는 대로 발휘하고 있다.

직장인, 작가, 강연가 등은 내일을 꿈꾸지 못하던 날에 내가 바라고 원하던 것들이었다. 나의 바람을 이뤄낸 누군가의 SNS를 염탐하며 스스로를 깎아내렸을 때 느끼던 질투와 부러움이었기도 하다. 그러나 내가 바라던 것들은 이제 나의 것이 되었고, 그것을 해내고 있는 사람 역시 그 누구도 아닌 바로 나 자신이다.

어떻게 가능했을까? 이 변화는 어디에서 온 것일까? 나는 어떻게 생산자가 될 수 있었을까? 나는 모든 비밀과 비법을 이 책에 풀어놓을 것이다. 열역학 제2법칙에서 찾아낸 게으름의 이유와 OGSM이라는 신박한 목표 셋팅법, 나를 방해하던 것을 내 편으로 만드는 방법, 해내는 힘을 기르기 위한 다섯 가지 요소. 내가 직접 깨닫고, 조금씩 변화시켜 온 내 관점에 대해 모두 이야기할 것이다. 이 책을 읽고 나면 당신은 분명하고도 확실한 삶의 변화를 맞이할 것이다. 생산하는 맛을 알게 되고 그것에 빠져들 것이다.

단, 나는 여러분의 변화가 급진적이지 않기를 바란다. 변화는 점진적이어야 한다. 내 관점의 변화와 깨달음도 그랬다. 급진적 변화는 무너지기 쉽다. 반면, 점진적 변화는 당장은 지루해 보일지 몰라도 끝내는 철옹성과 같은 위엄을 지니게 될 것이다. 이러한 초심을 잊지 않고 나와 함께 한 걸음 한 걸음 나아가길 바란다.

1부
소모자와 소비자로만 살지 않기 위해

1장 | 하고 싶은 건 많은데 몸이 움직이지 않는다면

2장 | 삶을 명료하게 해주는 OGSM 전략 모델

3장 | 생산자에게 필요한 해내는 힘

2부

다섯 가지 에너지의 비밀

4장 | 시간: 모자라기만 했던 시간들이
점점 채워지는 기적의 에너지

생산자의 법칙 5단계

Step 1. 자아성찰
소모자 vs. 소비자 vs. 생산자

게으름의 원인 알기

- 게으름의 과학(엔트로피 법칙)
- 자책 그만하기
- 나를 이해하기

Step 2. 변화의 물꼬
생산자의 선택법

불편한 선택으로 변화 에너지
생성하기

- 불만족스러운 내 모습은 쉬운 선택의 결과
- 어려운 선택으로 무너지지 말고 불편한 선택을 지향

Step 3. 목표보다 목적
생산자의 필수요소

목적과 방향
설정하기

- 목적과 이유도 모른 채 무작정 달리기는 그만!
- 목표를 이루기 위한 목적을 분명히 할 것(OGSM)

Step 4. 관점 바꾸기
생산자의 지혜

방해꾼을 조력자로
만들기

- 나를 방해했던 것들에 대한 관점 변화를 통해 나를 돕는 조력자로 탈바꿈시킨다
- 시간, 열정, 욕구, 감정, 자아 다섯 가지 키워드 이해하기

Step 5. 실행하기
생산자의 실천법

구체적인 계획으로
실행력 높이기

- 하고 싶은 일을 하게 만드는 리스트
- 문장·시뮬레이션 메모법
- 페르소나 시간 관리법

1부

소모자와 소비자로만
살지 않기 위해

1장

하고 싶은 건 많은데
몸이 움직이지 않는다면

타르를 묻힌 나무에
매달려 있는 우리

언젠가 한 선배가 나에게 삶이란 무엇인지를 물었다. 답을 머뭇거리는 사이 선배가 말을 이어 나갔다.

"교양 수업에서 어느 교수님께서 하신 말씀인데 말이야, 삶은 타르를 묻힌 나무에 매달린 것과 같다는 거야. 참 인상적이지 않니?"

그 말을 들은 나는 세차게 고개를 끄덕일 수밖에 없었다. 타르가 묻어 있는 나무에 매달려 있는 내 모습이 떠올랐기 때문이다. 타르로 인해 나는 계속해서 아래로 미끄러지고, 더 이상 미끄러지지 않으려 기를 쓰고 올라가려는 내 모습이 생생히 그려졌다. '맞아, 그래서 삶이 힘든 거구나. 정말 그런 거였어.'

나는 삶의 순간순간에서 선배의 말과 함께 타르가 묻어 있는 나무에 매달려 있는 나를 떠올린다. 계속해서 미끄러지고, 결국 나무에서 떨어지면 무슨 일이 일어나는 걸까. 어떤 일이 벌어질 것이라는 걸 확실하게 알지는 못하지만, 사람이라는 존재는 생존이라는 본능에 이끌려 기를 쓰고 그 나무를 기어오르려 한다. 어디까지 올라가야 할까. 그 또한 답은 없다. 그저 올라가거나 아니면 최소한 미끄러지지는 말아야지, 라는 생각에 우리 삶은 그토록 고단한 것이다.

일요일에 낮잠을 자고 일어나면 나는 개운함보다 죄책감을 더 느낀다. 운동을 하든, 글을 쓰든 무어라도 하나 더 했어야 했나, 라는 후회와 함께 나무에서 아래로 쭉 미끄러진 기분이 들기 때문이다. 다른 사람들은 나보다 더 위로 올라가고 있다는 상대적 박탈감과 함께. 그렇다고 무언가를 적극적으로 계획하지도 못했다. 계획을 지키지 못한 나 자신이 먼저 떠올랐기 때문이다. 계획만 세우고 실천하지 못하고, 게으름의 악순환에 빠져 허우적대는 나 자신을 마주할 용기가 나지 않았다.

그야말로 악순환이었다. 아무것도 하지 않으면 미끄러진다. 그렇다고 무엇을 해낼 의욕과 용기도 없었다. 회사는 죽기보다 가기 싫었지만, 다른 일을 찾아 해야겠다는 용기도 없었다.

엔트로피 법칙과
게으름의 상관 관계

만일 당신의 이론이 열역학 제2법칙을 위배한다면,
빨리 포기하는 것이 상책이다. 그런 이론은 아무리 고집해봐야 희망이 없다.
아서 스탠리 에딩턴

더 이상 무기력하게 소비적으로 살지 않겠다며 시작한 글쓰기를 통해, 나는 내 게으름의 원인을 알아냈다. 목표치는 저 위에 있는데, 그것을 해내기 위해 발가락 하나 꼼지락하지 않는 이유와 당장 해야 할 것이 눈앞에 펼쳐져 있음에도 딴짓을 하는 이유, 그리고 자기 비하에 빠져 계획조차 세우지 않는 이유를 말이다.

나는 그 이유를 생뚱맞게도 '열역학 제2법칙'에서 찾

아냈다. 분석심리학(카를 융이 창안한 이론과 심리 치료를 다루는 심리학)에서 말하는 동시성(인과관계가 없이 내적으로 지각된 정신적 사건과 이에 일치하는 물리적 외적 사건이 동시에 일어나는 현상)이라 설명할 수도 있겠다. 목표는 높은데, 아무것도 해내지 못해 자신에게 채찍질만 하던 나에게 일어난 동시성!

열역학 제2법칙을 요약하면 다음과 같다.

첫째, 엔트로피는 시간이 흐를수록 증가하는 경향이 있다.
둘째, 시간이 흐를수록 엔트로피는 증가하고, 이것이 역방향으로 갈 확률은 매우 낮다.

엔트로피entropy는 독일의 물리학자 루돌프 클라우지우스가 1865년에 에너지(힘)와 에르곤(움직임) 그리고 트로페(전환)란 말을 조합하여 만든 용어다. 엔트로피는 열역학적상태함수의 하나로서, 열역학적계에서 일로 전환될 수 없는, 즉 유용하지 않은 에너지를 기술할 때 이용된다. 무질서도Degree of disorder라고 표현하기도 한다. 예를 들어 물이 가득 차 있는 유리컵에 잉크 한 방울을 떨어뜨리면 어떻게 될까? 잉크는 서서히 퍼져 나갈 것이다. 이를 두고 우리는 '엔트로피가 증가한다'라고 말한다. 그리고 어떤 조치나 힘을 가하지 않는 한, 즉 자연 상태 그대로 두었을 경우 이 흩어진 잉크가 처음 떨어지던 그 한 방울로 돌아갈 일은 거의 없다. 이 엔트로피 법칙은 매우 강력하다. 영국의 물리학자인 아서 스탠리 에딩턴은 열역학 제2법칙을 위배하는 이론이 있다면 빨리 포기하라고까지 말했다. 그런 이론은 아무리 고집해봐야 희망이 없다면서 말이다.

엔트로피는 저 멀리 있는 과학 용어가 아니라, 우리 삶의 단면을 아주 잘 나타내주는 속성이기도 하다.

서면 앉고 싶고, 앉으면 눕고 싶고, 누우면 자고 싶고.

삶은 엔트로피가 증가하는 방향으로 흘러간다. 방을 치우지 않고 그대로 두면 어떻게 될까? 결국 방은 발 디딜 곳조차 없을 정도로 지저분해질 것이다. 이는 엔트로피가 증가하는 방향 즉, 열역학 제2법칙을 자연스럽게 따른 결과다. 게으름 역시 아주 자연스러운 현상이다. 만물의 이치가 그렇게 설계되어 있는 것이다. 나를 포함한 이 세계는 엔트로피가 증가하는 방향으로 흘러가고 있다.

의심을 거두고 우리가 처음 해야 할 일은 자책을 멈추는 것이다. 게으르다고, 의지가 약하다고, 계획이 뜻대로 되지 않는다고 스스로를 괴롭히는 것을 중단하자. 우리는 자연법칙을 따르고 있는 것일 뿐이다. 그러나 인류는 오랜 시간 자연법칙을 탐구하고 그것에 대응하거나 반항하는 방법으로 성장하고 발전해왔다. 엔트로피는 증가하는 방향으로 흐르지만, 우리에게는 그 흐름을 바꿀 수 있는 능력이 있다. 방법은 아주 간단하다.

누워 있으면 앉고, 일어나 서고, 걷거나 뛰면 된다.

지저분한 방을 보고 있지만 말고, 바닥에 놓인 책 한 권을 집어 책장에 꽂으면 된다. 이로써 엔트로피의 방향은 줄어드는 쪽으로 향한다.

엔트로피를
줄여나가는 방법

앞서 말한 타르를 묻힌 나무와 엔트로피 법칙은 소스라치게 닮아 있다. 서로 같은 원리를 말하고 있는 것이다. 자연 상태에서 우리는 아래로 미끄러질 수밖에 없고, 그것은 무질서의 방향을 일컫는다. 위로 올라가는 것, 방향을 바꾸는 것이 바로 무질서와 엔트로피를 줄여 나아가는 방향이자 비법이다.

　엔트로피의 증가는 자연 상태 즉, 아무것도 하지 않을

때 일어나는 현상이자 속성이다. '아무 것도 하지 않으면 아무 일도 일어나지 않는다'라는 말이 있다. 내 생각은 다르다. 아무것도 하지 않으면, 무질서함이 겉잡을 수 없을 정도로 커질 뿐이다. 나는 이 흐름을 깨닫고 다음 질문을 던졌다.

"그렇다면 엔트로피의 증가를 최소화하거나 역행할 수 있는 방법은 무엇일까?"

그것은 바로 '에너지'를 들이는 것이다. 누운 상태에서 일어나 앉으려면 '힘(에너지)'이 든다. 생각만 하는 것이 아니라 근육에 신호를 주어야 하고, 실제로 근육에 힘을 넣어 몸을 일으켜 세워야 한다. 지저분한 방이 저절로 정리되는 것도 아니다. 바닥에 놓인 물건을 집어 들어야 하는데, 이 또한 힘(에너지)을 들이는 일이다.

나무 열매 즉, 우리가 바라는 성과는 저 위에 있는데,

우리는 중력에 의해 끌어내려진다. 열매에 닿기 위해서, 우리는 중력을 이겨내려는 에너지를 들여야만 한다.

고민에 고민을 거듭한 끝에 엔트로피를 줄여주는 다섯 가지 에너지(시간, 열정, 욕망, 감정, 자아)를 찾아냈다. 또한 이 다섯 가지 에너지를 내 삶에 긍정적으로 활용하는 방법을 발견했다. 이것이 내게 가져다준 삶의 변화는 그야말로 드라마틱하다. 하고 싶은 일을 하며, 운과 부 또한 따르고 있으니 말이다. 아마도 이 다섯 가지는 나에게 있어 소원을 들어주는 드래곤볼 또는 (나라는) 우주를 다스리는 인피니티 스톤의 현실판 버전이라 해도 과언이 아닐 것이다.

그런데 이 다섯 가지 에너지의 활용법을 알기 전에 익혀야 할 것이 있다. 바로 '불편한 선택 이론'이다. 이 이론을 잘 이해해야 앞으로 설명할 에너지를 자유자재로 활용할 수가 있다. 이 이론의 핵심은 '사람은 본능적으로 쉬운 선택을 하도록 되어 있다'라는 것이다. 앞서 말한 엔트로피 법칙도 이와 궤를 같이 한다. 어렵게 생각하지 않아도 된다. 집에 돌아와 씻지도 않고, 옷도 갈아입지 않은 채 짧은 동영상을 보다가 잠드는 모습을 떠올려보자. 소모적이고 소비적으로 살던 지난 날이 생각나지 않는가. 서면 앉고 싶고, 앉으면 눕고 싶고, 누우면 자고 싶은 이유는 바로 '쉬운 선택'의 결과다. 돌이켜보면 우리네 삶에 발생하는 대부분의 후회는 이것으로부터 기인한다. 엔트로피 법칙에서도 말했듯이, 우리는 그렇게 설계된 세계에 살고 있는 것이다.

그렇다면 쉬운 선택 말고 또 다른 선택에는 어떤 것이 있는 걸까? 크게 보면 '불편한 선택'과 '어려운 선택' 두 가지로 나눌 수 있다. 나는 이 중 불편한 선택을 지향한다. 어려운 선택은 엔트로피를 급감해주지만, 그 결과는 달콤하지 않다. 나는 언제나 늘 높은 목표 앞에 쓰러졌다. 급격한 변화를 바라는 조급함의 부작용이 발생하는 것이다. 그러나 불편한 선택은 쉬운 선택보다는 힘이 더 들지

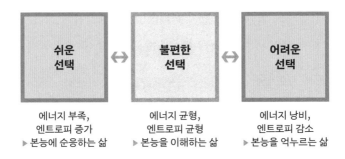

쉬운 선택	↔	불편한 선택	↔	어려운 선택
에너지 부족, 엔트로피 증가 ▶ 본능에 순응하는 삶		에너지 균형, 엔트로피 균형 ▶ 본능을 이해하는 삶		에너지 낭비, 엔트로피 감소 ▶ 본능을 억누르는 삶

만 어려운 선택보다는 과하지 않다. 예를 들어 독서를 목표로 한다면 다음과 같을 것이다.

- **쉬운 선택** : 귀찮다. 그냥 자자. 또는 짧은 동영상이나 보자.

- **불편한 선택** : 단 열 장이라도 읽자. 조금씩이라도 변화를 만들어보자.

- **어려운 선택** : 독서하기로 결심했으니 하루에 책 세 권을 독파하자.

자, 어떤 선택이 실행으로 옮겨질 가능성이 가장 높을까?

불편한 선택을
잘 활용하는 법

단언컨대, 나는 이 불편한 선택을 하면서부터 삶이 달라졌다. 스스로를 탓하기보다 나를 돌보는 시간이 많아졌고, 더 이상 목표 앞에 무릎 꿇지 않게 되었다. 전반적인 삶의 질이 눈에 띄게 향상되었다. 불편한 선택으로 인해 오히려 삶이 편해지고 있는 것이다.

에너지 소모도 줄었다. 누워 있다가 당장 달리려고 하면 탈이 난다. 쉬운 선택 위주로 삶을 꾸리다 갑자기 어려운 선택으로 건너뛰면 이러한 부작용이 발생한다. 그러나 이젠 조급함과 어설픈 완벽주의를 버리고 몸을 일으켜 앉는다. 그 이후에 서고, 걷고, 달리는 것이다. 이러하면 효율은 증대된다. 최소한의 인풋으로 최대의 결과를 얻을 수 있으며, 급격하게 에너지를 쓰지 않아도 된다. 급격한 에너지의 확장은 급격한 소모를 낳기 때문에 주의해야 한다.

불편한 선택을 잘 활용하는 법은 그리 어렵지 않다. 앞서 설명한 쉬운 선택과 어려운 선택의 개념을 잘 이해하고, 개인화하여 실천하면 된다.

언젠가 다이어트를 위해 탄산음료를 줄이자는 다짐을 한 적이 있다. 단기간에 극단적으로 탄산음료를 끊었다. 심지어는 햄버거를 먹으면서 생수를 마시기도 했다. 그러나 이는 오래가지 못했다. 다이어트의 요요현상처럼, 어느새 나는 더 많은 양의 탄산음료를 마시고 있었다. 이때의 허무함이 잊혀지지 않는다. 그래서 나는 불편한 선택

전략을 사용하여 계획을 실천해보고자 했다.

- 쉬운 선택: 에이 몰라. 그냥 탄산음료 마시자. 햄버거엔 역시 탄산음료지!
- 불편한 선택: 과일 주스나 탄산수를 마시자. 또는 탄산음료는 다섯 번에 한 번 정도로 마시자.
- 어려운 선택: 절대, 네버. 탄산음료는 쳐다도 보지 말고, 아예 마시지 말자.

불편한 선택을 한 나는 예전보다 50퍼센트 이상 탄산음료 음용을 줄일 수 있었다. 동시에 체중도 2, 3킬로그램 정도 줄었다.

불편한 선택을 하는 순간, 우리는 '가속도의 법칙'을 경험하게 된다. 'F=ma'라는 공식을 알 것이다. F는 힘Force, m은 질량mass, a는 가속도acceleration이다. 다시 말해, F는 불편한 선택으로 발생한 에너지고, m은 이러한 선택을 한 횟수의 누적이며, a는 실천의 속도를 말한다. 예를 들어 운동을 하기 싫어하는 나는 '그냥 짧은 동영상이나 보자(쉬운 선택)'라는 생각에서 벗어나, '10분이라도 동네 한 바퀴 돌고 오자(불편한 선택)'라는 생각을 하면, 10분이 20분 되고, 20분이 30분 되는 경험을 하게 된다. 가속도가 붙는 것이다. 무언가를 해야겠다 생각하고 시작한다면, 이 법칙은 물리뿐만 아니라 우리네 생활 전반에도 적용된다. 이와 함께 엔트로피의 양은 자연스레 감소하는 쪽으로 흐른다.

이쯤되면 아래와 같은 명제를 이해하게 되었을 것이다.

첫째, 불편한 선택은 에너지를 발생시킨다.

둘째, 이 에너지는 엔트로피를 감소시킨다.

셋째, 엔트로피가 감소되면 삶의 추세가 바뀌기 시작한다.

변화를 위한다면, 나를 위한다면, 무언가를 생산해내

고 싶다면, 더 이상 불편한 선택을 피하지 말자. 이젠 불

편한 선택을 마다하지 않을 때다.

삶의 추세를
바꾸기 위한 불꼬

앞서 이야기한 대로 우리네 삶은 목적이 불분명할 때 쉽고 무질서한 방향으로 흐른다. 이 추세를 바꾸는 그 순간이 바로 삶의 변화가 일어나는 때다. 변화를 일으키기 위해서는 내 관점을 잘 살펴야 한다. 아무것도 하지 않을 때 나와 내 주위는 어느 방향으로 흐르는가. 내가 맞이하는 무질서함이 무언가를 목도하고, 관찰하고 또 그것에 관심을 기울여야 한다. 그래야 내가 바꿔야 할 방향을 알 수가 있다.

삶의 추세를 바꾼다는 건 꾸역꾸역 사는 것을 의미하지 않는다. 타르가 묻은 나무에서 미끄러지지 않고, 위로 올라가려 노력을 하는 것처럼 능동적인 도전 그 자체다. 무질서의 방향과 엔트로피의 존재를 모르고, 나 자신을 돌아보지 않으면 삶은 고되다. 내가 삶을 사는 게 아니라, 삶이 나를 좌지우지한다. 주도권을 삶에 내어주고는 삶이 우리를 어느 무질서한 곳으로 이끌면, 우리는 그저 신세를 한탄하고 삶이라는 허공에 삿대질을 할 뿐이다.

알고리즘이 그러하지 않은가. 잠시라도 정신을 팔면, 알 수 없는 알고리즘에 이끌려 무질서한 소비의 세계로 빠져든다. 자아는 상실되고, 무언가를 지불하고 결제하는 껍데기만 남을 뿐이다. 주도적으로 알고리즘을 만들지 않으면 알고리즘에 이끌려 살게 된다. 생각하며 살지 않으면 사는 대로 생각하게 되는 것처럼. 불편한 선택을 피해 (본능과 엔트로피 법칙에 이끌려) 쉬운 선택을 하게 되는 것처럼 말이다.

'물꼬'라는 말을 알 것이다. 원뜻은 논에 물이 넘나들도록 만들어놓은 좁은 통로를 말하지만, 진전이 없거나 막혀 있는 상태를 푸는 실마리나 계기를 뜻하기도 한다. 더불어 물의 방향을 바꾸는 중요한 역할도 한다.

불편한 선택은 삶의 추세를 바꿔주는 물꼬다. 퇴근 후 씻지도 않고 침대에 눕고 싶을 때면 물로 입이라도 헹구고 자자. 고양이 세수라도 하자라고 생각하면, 어느새 말끔히 씻고 잘 준비를 마친 자신을 발견하게 될 것이다. 글쓰기가 귀찮아 아무것도 쓰고 싶지 않을 때, 제목이라도 메모해두면 어느새 글 한 편이 완성되어 있을 것이다. 꼭 그날이 아니더라도 그 제목은 빠른 시간 내에 한 편의 글이 된다. 책 세 장만 읽자, 문제집 두 장만 풀자, 라는 불편한 선택들은 어느새 삶의 물꼬를 트고, 그것이 삶의 큰 변화를 만들어내고 있음을 깨닫게 될 것이다.

1부 소모자와 소비자로만 살지 않기 위해

불편한 선택은 중용과 같아서 쉬운 선택과 어려운 선택을 자유자재로 오갈 수 있다. 쉼이 필요할 때는 쉬운 선택을 하고, 단기간에 무언가를 해내야 한다면 어려운 선택을 통해 집중과 몰입을 하는 것이다. 불편한 선택을 생활화하다 보면, 그 정도와 때를 가늠할 수 있게 된다. 걸어야 할 때, 뛰어야 할 때, 그리고 쉬어야 할 때를 말이다.

소모자 vs. 소비자 vs. 생산자, 어떤 삶을 살 것인가?

'생산자'가 아닐 때 내 삶은 주로 '소모자'였다. 회사에선 방전된 배터리와 다를 바 없는 모양새였다. 그렇게 스러져갔지만 나는 스스로를 돌보지 않았다. 무엇을 먹어도, 무엇을 사도, 무엇을 봐도 감흥이 없었다. 매일이 지겹고 힘들었다. 무기력의 기운이 온몸을 감싸면서, 무언가를 하려 했지만, 과거의 내가 실패한 것들만 머릿속에 떠올라 그 어떤 시도조차 하지 않았다. 하루하루는 쉬운 선택으로 흘러갔고, 세상의 알고리즘에 압도되어 내가 무엇을 좋아하는지도 모른 채 그렇게 일상을 무의미하게 흘려보냈다.

이 상태에서 좀 더 나아가면 '소비자'가 된다. 무언가를 소비하며 자아를 인식하는 단계다. 자본주의 사회에서 '소비'는 '자아'와 동일시될 정도로 막강하다. 무언가를 구매하거나 시간을 들임으로써 만족을 얻고, 그 만족으로 내 감정과 기분을 살피며 존재함을 확인하는 것이다. 문제는 자발적인 존재의 인식이 아니라, 외재적 자극을 통해 스스로를 인지한다는 것이다. 자본주의 상술이나 알고리즘에 이끌리다 보면 원하지 않는 물건이나 서비스를 사는 것처럼, 자아의 모습도 원하지 않게 흘러가거나 변화할 수 있다. 무엇보다 소비로 형성된 자아는 진짜가 아닐 가능성이 높다. 명품 가방이 나 자신을 명품으로 만들어주지 않고, SNS나 짧은 영상 콘텐츠를 소비하며 얻는 것들이 본질적인 나의 행복에 관여하지 못하는 것처럼 말이다. 대부분의 소비는 미래에 대한 불안으로부터 시작된다. (당장 필요 없지만) 언젠간 필요할까 봐, 고생한 나에게 주는 보상으로, 짧은 동영상을 보며 기분 전환을 해도 괜찮다는 안일함으로. 그러나 이 행동이 자신을 위한 본질적인 처방인지, 순간의 도파민을 끌어올림으로써 잠시 현실을 잊고 싶은 것인지는 스스로에게 묻지 않는다. 어느 날 이러한 삶이 허무해지기라도 하면 그 상황을 급격하게 바꾸려 어려운 선택을 하게 되고, 지키지 못할 계획들을 늘어놓는다. 그리고 목표를 이루어내지 못하면 기분을 풀기 위해, 다시금 무언가를 소비하는 악순환으로 접어들 가능성이 높다.

매력적인 생산자의 삶

'생산자'의 삶은 확연히 다르다. 생산자'는 '소모자'와 '소비자'를 오갈 줄 안다. 소비를 하게 되더라도 생산을 위한 소비를 하고, 소모되는 자신을 발견하면 질문을 던지며 스스로를 다독인다.

생산자가 된 후 내 소비 패턴은 달라졌다. 예전엔 즉흥적으로 기분이 좋아지는 것들에 돈을 썼다면, 이제는 생산과 연계된 것들에 지갑을 연다. SNS나 동영상을 보더라도, 중추신경을 자극하는 것들보단 글쓰기나 강의와 관련된 지식 콘텐츠를 본다. 무기력하고 아무것도 하고 싶지 않을 때는, 방전되고 있는 자아를 그대로 수용하며 스스로에게 묻는다. 그렇다면 나는 지금 무엇을 해야 하는지, 현재에 내가 할 수 있는 작은 것들은 무엇인지를 떠올리며 실천하려 한다. 불편한 선택을 통해 무기력함의 추세를 바꾸는 것이다.

생산자의 삶이 매력적인 건, 무엇보다 스스로의 알고리즘을 만들어낼 수 있다는 데에 있다. 스스로에게 던진 질문들은 콘텐츠가 되고, 이러한 생산물들은 나만의 알고리즘이 되어 더 이상 타의적 알고리즘에 압도되거나 휘둘리지 않는다. 내게 필요한 알고리즘을 선택할 수 있게 되고, 원하는 것이 없다면 스스로 만들어내기도 한다. 지금도 나는, 글쓰기를 통해 나만의 알고리즘을 형성하고 있으며, 이를 바탕으로 다양한 프로젝트를 하며 생산적인 사회적 관계를 형성해 나아가고 있다.

소모자 vs. 소비자 vs. 생산자, 어떤 삶을 살고 싶은가.

그렇다고 나는 소모자와 소비자를 무조건 부정적인 것으로 보지 않는다. 생산자가 되려면 이 둘의 삶을 다 겪어봐야 한다. 그래야만 그 사이를 오가며 중심을 잡을 수 있기 때문이다. 소모자와 소비자일 때 느꼈던 것들을 깊게 돌아보고 질문을 해보면 깨닫게 된다. 내 콘텐츠와 생산물들은 그때의 경험들이 바탕이 된 것이다. 소모자와 소비자의 삶을 거치지 않았다면, 나는 결코 '생산자'가 될 수 없었을 것이다.

소모자	생산자	소비자
방전되는 삶 쉬운 선택	**생산하는 삶** 불편한 선택	**구매하는 삶** 어려운 선택

삶의 방향

- 자아를 제대로 돌보지 못한 알고리즘에 압도되는 삶
- 스스로에게 끊임없이 질문하고, 알고리즘을 만들어내는 삶
- 소비나 외부 자극을 통해 자아를 인지하고, 알고리즘에 이끌리는 삶

특징

- 매일이 피곤하고 힘겹다
- 과거에 사로잡혀 무기력하다
- 과거 실패 경험에 발목 잡혀 있다

- 무엇을 해야 할지 잘 안다
- 지금에 집중하고 현재에 충실하다
- 소비를 하더라도 생산을 위한 소비를 하고 소모됨을 느낄 때에는 스스로를 돌본다

- 소비하지 않으면 무엇을 해야 할지 모른다
- 미래에 대한 불안을 느끼지만 소비 이외의 다른 일을 하지 않는다

생산자가 되는
가장 빠른 방법,
글쓰기

지금 내 변화의 모든 출발점은 글쓰기였다고 해도 과언이 아니다. 소모자와 소비자의 삶에 염증이 생겨, 무언가를 생산해보자고 도전한 것이 글쓰기였다. 전문적으로 배워본 적도 없고, 꾸준하지도 못한 내가 글쓰기라니? 나 자신조차 잘 이해가 되지 않았다. 이 책을 읽는 분들 중에서도 '나는 글쓰기와 전혀 관련이 없는 걸? 그렇다면 나는 생산자가 될 수 없다는 건가?'라는 생각을 할 수 있다. 그러나 아래의 이유를 보면 한번은 글쓰기에 도전해봐야겠다는 생각이 들 것이다.

첫째, 글쓰기는 가장 감당 가능한 도전이다.

진퇴양난이었다. 회사는 가기 싫고, 다른 일을 할 용기도 없었다. 소모적이고 소비적인 삶은 싫고, 무언가를 생산하며 성취감을 느끼고 싶었다. 써본 적도 없는 내가 글쓰기를 선택한 이유는 '가장 감당 가능한 도전'이었기 때문이다. 쉽게 말하면 만만해서였다. 생각해보자. 평범한 사람이 지금 당장 생산해낼 수 있는 게 뭐가 있을까? 공장을 세워 상품을 찍어낼 수도 없고, 갑자기 하루 아침에 유튜브나 SNS 구독자·팔로워 수를 몇 십만 명 만들어낼 방법도 없다. 그러나 글쓰기는 초기 투자 비용도 없을 뿐더러 누군가에게 무언가를 애걸복걸하지 않아도 된다. 글쓰기는 당장 시작할 수 있는 가장 쉬운, 그렇지만 이전에는 해본 적 없는 나를 위한 '불편한 선택'이다. 단언컨대

이 불편한 선택을 하는 순간 삶의 추세는 급격하게 바뀔 것이다.

둘째, 쌓인 글은 자산이 된다(글은 모든 콘텐츠의 기본이 된다).

필력이 모자라도 좋다. 다른 사람이 안 읽어줘도 좋다. 내가 쓴 글에 손발이 오글거려도 좋다. 글쓰기를 시작할 때 난 이렇게 다짐했다. '우선 쓰고 보자. 그리고 1년 뒤, 가치가 없다고 판단되면 버리고, 도움이 되면 가져가지 뭐.' 그렇다. 우선 쓰고 봐야 한다.

글이 많이 쌓여 있는 지금, 그것들은 나에게 큰 자산이 되고 있다. 책, 영상, 강의, 여러 프로젝트로 이어지고 있다. 쭉쭉 뻗어나가며 월급 외 경제적 파이프라인도 만들어주고 있다. 더 중요한 건 나만의 세계관과 콘텐츠 그리고 개인 브랜딩을 구축할 수 있었다. 이것은 돈 이상의 값어치다. 황금알이 아니라 황금알을 낳는 거위를 얻은 것이라 표현하면 쉽게 이해가 될 것이다. (혹은 우리 스스로가 황금알을 낳고 있다고 생각해도 좋다!) 지금 당장 메모장을 열자. 죽어 있는 블로그에 몇 문장이라도 남기자. 브런치 스토리 작가에 도전하자. 이도 저도 싫다면 하루를 단순하게 기록이라도 하자.

셋째, 글쓰기는 자신을 돌아보는 가장 좋은 도구다.

많은 사람이 자신이 누구인지, 무엇을 하고 싶은지도 모른 채 그저 달려 나가려 한다. 그러다 맞이하는 건 마음의 헛헛함, 슬럼프, 번아웃일 가능성이 높다. 생산자는 자신과의 대화를 멈추지 않는다. 스스로 질문하고 스스로 그 답을 찾는다. 답을 찾지 못하면 질문을 바꾸는 여유와 지혜도 겸비하고 있다. 이렇게 스스로를 돌보는 가장 좋은 도구가 바로 글쓰기다. 나는 강의 때마다 말한다. 글쓰기가 본질이 아니라 '글을 쓰는 나 자신'이 본질이라고 말이다. '어떻게' 글을 잘 쓸 수 있을까보다, '왜' 글을 쓰고 싶은지, 그리고 써야 하는지를 먼저 되새겨야 한다.

글쓰기를 시작하는 순간 엔드로핀는 감소한다. 이것이 내가 글을 쓰는 이유다. 퇴근해 누워만 있고 싶을 때도 무어라도 생산해내자고 다짐하며 글을 쓴다. 이 불편한 선택이 가능한 건, 삶의 추세를 바꿨다는 희열과 오늘 쓴 글이 내일의 나에게 보다 큰 것들을 가져다줄 것이란 확신 때문이다. '생산'이란 행위는 '자기 효용감'을 높인다. 내 생산물이 누군가에게 선하고 강한 영향력으로 작용한다면, 자기 효용감은 극대화된다. 이보다 더 큰 가치가 또 있을까?

빵 100개를 가진 사람과, 빵을 만들 수 있는 시설을 가진 사람 중 누가 더 부자일까를 묻는다면, 그리 어렵지 않게 후자를 선택할 것이다. 빵만 가지고 있는 사람은 '소모자' 또는 '소비자'고, 빵을 만들어낼 수 있는 사람은 '생산자'이기 때문이다.

글쓰기는 나의 생산 시설이다. 빵도 만들어낼 수 있고, 밥도 만들어낼 수 있다. 내 생각과 감정, 그리고 세계관을 마음껏 찍어내면 된다. 초기 품질에 대해선 크게 걱정하지 않아도 된다. 양질전환의 법칙에 따라 품질은 점점 좋아질 것이고, 어느 순간부터 내 글은 사람들에 의해 읽혀질 것이다. 중요한 건 무어라도 생산해내는 것이다. 생산해보지도 않고 내 것이 팔릴지 아닐지 가늠하는 건, 소모자와 소비자의 생각이다. 생산자는 오늘도 묵묵히 자신이 생산해낼 수 있는 작은 것부터 실천해나간다.

글, 쓰지 않을 이유가 없다. 생산자가 되기 위해서는 반드시 글을 써야 한다.

2장

삶을 명료하게 해주는
OGSM 전략 모델

기억하지도
못할 목표

내 삶은 언제나 쉬운 선택과 어려운 선택 사이에서 이리
저리 방황하곤 했다. 쉬운 선택을 하며 본능에 충실한 삶
을 살거나, 어려운 선택을 하며 그것을 지켜내지 못해 주
저앉았다. 이래저래 결론은 쉬운 선택으로 귀결되곤 했다.

한번은 답답한 상황을 벗어나고자 큰 마음먹고 목표
를 세운 적이 있다. 무기력함으로 자존감은 바닥을 치고
있었고, 쉬운 선택의 결과로 내 체중은 이전보다 10킬로

그램이 불어나 있었다. 회사에서의 인정도 하향 곡선을 그리고 있었고, 남들에 비해 역량이 처지고 있다는 불안 감마저 엄습했다. 이런 이유로 내가 세운 목표는 다양하고 절박했다.

- **운동하기**

- **어학공부하기**

- **독서하기**

- **업무와 관련된 스터디 나가기**

- **저탄고지 (저 탄수화물 고 지방) 식단 실천하기**

이 목표들은 놀랍게도 하나도 실행이 되지 않았다. 나는 퇴근 후, 다시 쉬운 선택의 길로 빠졌고 이룬 것 하나 없는 그 목표들은 잊혀져 갔다. 절박한 마음을 늘어놓긴 했는데 무엇부터 해야 하는지, 무엇을 했고 안 했는지 등이 전혀 정리되지 않았다.

그림자를 앞서가려는 어리석음

사람은 급격한 변화를 원할 때 더 어리석어진다. 기억하지도 못할 목표들을 세웠던, 아니 나열했던 나는 마치 그림자를 앞서가려는 우를 범한 것이다. 하루빨리 이 답답한 상황이 180도 바뀌기를 바랐다. 우리는 그림자를 앞서갈 수 없다. 아무리 빨리 뛰어도, 점프를 하고 지그재그로 방향을 틀어봐도 결과는 똑같다. 모든 일에는 수순이 있기 마련이다. 아무리 다급하고 큰 결심을 하더라도, 누운 상태에서 곧바로 달릴 수 없다. 앉고 서는 과정을 거쳐야 마침내 우리는 뛸 수 있다. 그렇다면 내가 놓친 수순은 무엇일까? 무엇을 놓쳤기에 그 다급하고 절박했던 목표였음에도 단 하나도 실천하지 않았던 걸까?

답은 바로 '목적'이었다. 한마디로 '왜'가 빠져 있던 것이다. 우리는 '왜'보다 '어떻게'와 '무엇'에만 혈안이 되어 있다. 빨리빨리 문화의 어두운 이면일 것이다. 속도를 중

시하여 이룬 것이 많은 사회이지만, 그만큼 잃는 것도 많았다. 학교에 첫발을 내딛는 순간부터 우리는 경쟁하고, 앞다투어 취업을 하고, 남들보다 덜 불행해지려 사투한다. 왜 뛰는지도 모른다. 왜 싸워야 하고, 왜 고군분투해야 하는지 모른다. 그저 눈앞의 목표에 혈안이 되어, 무언가를 쟁취하려는 노하우가 삶의 전부인 것처럼 살아가고 있다.

'목표' 이전에 '목적'이 분명해야 한다. '목적' 이전엔 '자아'가 먼저여야 한다. 나는 이것을 왜 바라는가, 왜 이루고 싶은가. 내가 이룰 수 있는 방법은 무엇일까. 내가 해야 하는 건 '어려운 선택'일까, 아니면 '불편한 선택'일까. 나는 글을 쓰며 나와의 대화 시간을 늘려 갔고, 스스로를 이해하며 목표보다는 목적에 더 초점을 맞추게 되었다. 스스로에게 더 많은 질문을 던졌고, 나만의 답을 찾아가며 더 성장할 수 있었다. 이전보다 더 많은 것들을 해냈고, 운과 부가 따르는 것도 모두 그 덕분이라는 걸 알게 되었다.

그렇다. 해내는 힘을 강화하고 생산자의 삶으로 변화하려면 목적과 목표를 구분할 줄 알아야 한다. 무엇보다 삶의 큰 방향인 목적이 무엇인지를 명확히 아는 것이 중요하다.

삶의 목적을
분명히 해주는
OGSM 전략 모델

목적을 분명히 하는 역량을 나는 (놀랍게도) 직장에서 배웠다. 무기력할 때 직장은 내게 지옥과 같은 곳이었다. 그러나 내 지난 직장생활을 돌이켜보면 분명 의미가 있을 거라는 생각이 들었고, 그것을 써 내려간 글들은 '본업'에서 '업'을 찾을 수 있는 원동력이 되었다. 그렇게 관점이 바뀌자 직장은 배울 곳이 많은 곳으로 변모했고, 내가 찾던 답들이 이곳저곳에 산재해 있는 곳임을 깨닫게 되었다. 무슨 말인지 감이 잘 오지 않을 수 있지만, 기업의 생리를 좀 더 들여다보면 이해가 될 것이다.

기업의 존재 목적은 무엇일까? 바로 이윤 추구다. 그렇다면 왜 이윤을 추구해야 할까? 생존하기 위해서다. 생존을 위해 혁신적인 제품을 만들어내고, 다양한 서비스를 제공하며 천문학적인 돈으로 브랜드를 홍보한다. 이와 더불어 숨을 조이는 조직 관리와 직급 체계, 엄격하고도 다양한 규율과 내규는 바로 엔트로피를 감소하여 생산성을 극대화하려는 처절한 활동이다. 회사는 무질서함을 목도하지 않는다. 언제나 강한 긴장감을 바탕으로 이윤을 추구하여 생존하도록 성장을 도모해야 한다. 이는 타르가 묻은 나무를 온힘을 들여 기어오르는 그 모습과 다르지 않다.

나는 직장에서 우리 회사 브랜드와 제품의 세계 시장 1위 전략을 수도 없이 세웠다. 실제로 목표를 이루어 성과를 낸 적도 많다. 그 바탕엔 제대로 된 목적이 있었음을 깨달았고, 더불어 회사에서 하는 이 전략 방법을 왜 내 삶에 진작 들이지 못했을까, 라는 생각을 하게 되었다.

그중 나에게 가장 큰 도움을 주었던 툴은 바로 'OGSM Objective, Goal, Strategy, Measure목적, 목표, 전략, 측정 전략 모델'이다. OGSM은 마케팅 구루인 피터 드러커의 목표관리 개념에 기반하여 만들어졌으며, 실제 현업에서의 발전을 거쳐 P&G와 코카콜라와 같은 선도적인 기업에 두루 사용되었다.

실제 현업에서 사용한 예는 다음과 같다.

Objective 목적

가전 분야 세계 1위 기업 되기

Goal 목표

20XX 년까지 전 세계 가전 시장 점유율 30퍼센트 달성

Strategy 전략

- 프리미엄 제품군 강화

- 미국 및 유럽 시장 점유율 확보 (점유율 각각 20퍼센트 달성하기)

- 스마트 홈 플랫폼 구축하기 (가입자 수 천 만명 달성하기)

Measure 측정

- 월 별 시장 점유율 측정

- 프리미엄 제품 라인업 현황 측정

이를 개인에게 적용해보면 다음과 같다.

Objective 목적

건강과 개인 만족을 위한 체중 조절

Goal 목표

3개월 안에 체중 10킬로그램 감량하기

Strategy 전략

- 저탄고지 식사하기 (밥과 당분 섭취 반으로 줄이기)

- 하루 한 시간 걷기 (퇴근길 지하철 네 정거장 전에 내리기)

- 저녁 여덟 시 이후 금식하기

<u>Measure 측정</u>

- 일 별 체크리스트 작성

- 매일 아침 기상과 함께 체중 측정하기

OGSM 전략 모델은 중장기적인 비전을 단기적 행동으로 연결하는 데 도움이 된다. 가장 큰 도움이 되는 항목은 역시나 'Objective목적'이다. 급진적인 변화를 바라며 목적도 모르고 세웠던 목표 앞에 무너지던 일이 현저히 줄어들었다. 목적과 목표, 내가 해야 할 일과 측정 방법까지 나열해보니, 내가 이것을 왜 하는지 그리고 무엇을 어떻게 해야 하는지가 더 명료해졌다.

바라는 것이 있다면, 도전할 것이 있다면, 목표하는 것이 있다면, 반드시 이 OGSM 차트를 먼저 그려보길 바란다. 그림자를 앞서가려는 마음은 잠시 접어두고.

OGSM을 작성해야
하는 이유

OGSM이 삶을 바꿔주는 원동력은 무엇일까? 이것은 우리네 삶의 방향과 목적을 분명히 해주는 훌륭한 도구다. 방향도 없이 뛰는 시행착오를 이미 우리는 많이 겪지 않았나. (더불어 목적과 목표를 구분하는 것도 매우 중요하다.)

OGSM의 비밀은 내 생각과 다짐을 기록하고 직접 쓴다는 데에 있다. 이제껏 우리는 목표만 나열하며 살아왔을 뿐, 목적과 목표 그리고 전략까지 일괄적으로 무언가를 골똘히 생각하거나 그것을 기록하여 남겨본 적이 없다. '쓰면 이루어진다'라는 말을 많이 들어봤을 것이다. 그러나 이를 해내는 사람이 몇이나 될까? 머리로는 알고 있지만 실천하지 않는 삶이 오히려 우리에겐 더 익숙하다. 이제 그 익숙함을 끊어내야 한다. 그 익숙함은 엔트로피가 바라는 무질서함의 늪이므로.

《설득의 심리학》(로버트 치알디니 지음, 21세기북스)에 '적극적인 입장정립'이라는 개념이 나온다. 적극적인 입장정립은 자아 이미지를 형성하는 데 사용할 정보를 제공하고, 그렇게 형성된 자아 이미지는 앞으로의 행동을 결정지으며, 결정된 행동들이 다시 새로운 자아 이미지를 강화하는 방식으로 작용한다는 이론이다.

적극적인 입장정립을 수립하는 데 가장 효과적인 방법은 무엇일까? 그것은 바로 '쓰기'다. 신념을 담은 글은 글을 읽는 사람들에게서 '누르면 작동하는' 자동 반응을 일으킨다. 유명 샌드위치 체인점인 서브웨이 창립자 겸 CEO인 프레드 데루카는 매장 냅킨마다 '2001년까지 10,000호점 설립'이라는 문구를 써놓았다. 누군가는 그 목표를 비웃었고, 또 누군가는 아예 관심조차 가지지 않았다. 그 결과는 이미 예상했을 것이다. 2008년 기준으로, 서브웨이는 86개국 28,000개의 매장을 운영하고 있다. 2021년 9월 기준으로는 100여 개국 44,000개 매장으로 확대되었다. 지금 당장 무언가를 써야겠다는 생각이 들지 않는가? OGSM이라는 체계적인 가이드가 있다면 지금 당장 쓰지 않을 이유가 없다.

OGSM으로
3개월만에 스페인어를
마스터하다

나의 무지를 고백하자면, 갑작스러운 멕시코 발령을 받기 전까지 나는 멕시코가 스페인어를 사용하는지 몰랐다. 지금 생각해도 부끄럽다. 내가 맡았던 시장은 한국, 중동, 아프리카, 유럽, 북미였다. 그럼에도 중남미 많은 국가가 스페인어를 쓴다는 것이 상식(?)이라는 것을 떠올려보면, 사실 그것은 무지라기보단 '무관심'이었다고 하는 게 맞겠다. 또한 내가 담당했던 지역이나 국가에선 업무상 대부분 영어를 사용했던 것도 한몫했다. 스페인을 방문했을 때도 사무실이나 바이어를 만났을 때는 모두 영어로 소통을 했으니 말이다. 이전 주재원 생활을 했던 네덜란드야 말해 무엇할까. 동네 할아버지도 영어를 술술 말하는 곳이었으니 말이다.

변명이 좀 길었는데, 이곳 멕시코는 이야기가 달랐다. 우리 회사는 중남미로 지역 언어가 되는 사람을 보내는 관례가 있다. 그래서인지 중남미 법인에는 어느 어느 학교, 스페인어 또는 포르투갈어 전공자가 대부분 포진되어 있다. 그러니 자연스럽게 사무실에선 영어가 아닌 스페인어가 쓰인다. 스페인어라곤 '우노', '도스', '뜨레스'만 알고 있던 나에게, 두 달 뒤 떠나야 하는 갑작스러운 멕시코 발령은 충격과 공포였다. 그날의 기억과 느낌이 아직도 생생하다.

결론적으로 말하면, 나는 스페인어를 마스터했다. 마스터의 기준은 개개인마다 다를 것이다. 내 기준에서의 마스터는 회의 석상에서 오가는 이야기를 80퍼센트 이상 알아듣고, 내가 원하는 바를 말할 줄 아는 것. 바이어 미팅에서도 웬만한 소통은 스페인어로 진행하고, 식당에서 막힘없이 원하는 음식과 음료를 시킬 수 있는 것. 농담으로 상대방을 웃게 할 수 있는 것. 조금 더하여 관공서나 개인 업무를 볼 때 몸짓을 조금 동원하여 의사소통을 할 수 있을 정도다. 한마디로 약간의 어려움은 있어도 사는 데 지장이 없는 수준을 나는 마스터라고 명한다.

부임 후 첫 회의석상을 기억한다. 인사를 위해 번역기로 깨알 같이 적어 간 대략 열다섯 개 정도의 스페인어 문장. 분명 며칠간 꼬박 외워갔는데, 순간 머릿속이 새하얘져 부끄럽게도 나는 노트를 들고 인사를 '읽었다'. 그 이후에 이어진 회의에서, 나는 우주 한복판에 버려진 먼지가 아닐까 하는 자괴감이 들었다. 대답이야 급하게 영어로 하면 되겠지만, 오가는 말을 알아들을 수 없으니, 제발 누군가 나에게 말을 걸어주지 않았으면 좋겠다는 간절한 기도만 할 뿐이었다.

내가 스페인어를 말하는 사람들 속에 존재할 줄이야. 순간 두려움과 함께 그 어떤 오기가 스멀스멀 올라오기 시작했다. 그 오기는 나로 하여금 OGSM을 작성하도록 했다. 우왕좌왕할 시간조차 없었기에 바로 시작할 수 있었다. 나를 위한 불편한 선택이었던 셈이다.

내가 작성한 OGSM은 다음과 같다.

Objective 목적

멕시코에서의 생활과 업무 성과 창출을 위한 스페인어 마스터

Goal 목표

3개월 내 스페인어 마스터 (업무, 식당 주문, 일상생활을 하는 데 지장 없는 수준)

Strategy 전략

(이 부분에서 많은 고민을 했다. 어학 수준을 단기간에 어떻게 끌어올릴 수 있을까? 목적과 목표를 연계해서 말이다)

- 기초 다지기 (온라인 초보자 강의 마스터)

- 현지 친구 만들기 (지인을 통한 수소문, 일주일에 두 번 만나 식사하며 문법보단 회화 위주로 대화)

- 귀 뚫기 (출퇴근 시 현지 라디오 청취)

- 용기 내기 (개떡 같이 말해도 상대가 찰떡 같이 알아들을 거란 용기)

Measure 측정

- 회화 대화 수준 체크 (현지 친구와 동료 등을 통해)

- 하루 중 스페인어를 80퍼센트 이상 사용하고 있는지 확인 (영어 사용 최대한 자제)

이 OGSM을 작성하며 나는 동료들에게 천명했다. 3개월 뒤엔 스페인어를 마스터할 것이고, 업무 지시나 협의 또한 스페인어로 할 거라고 했다. 무언가를 공표하고 나면 사람의 마음속에서 '일관성'이 작동하기 시작한다.

OGSM을 작성했고, 타인에게 공개적으로 이야기했으니 그것을 지켜내려는 확고한 방향이 설정되었다.

3개월 만에 스페인어를 마스터한 건 내게 있어 기적이 었다. (그 짧은 기간 동안, 나는 스페인어를 생산해낸 것이다!) 절박함이 만들어낸 결과물일지도 모른다. 만약 절박함에 압도당했다면 나는 지금도 우왕좌왕하고 있을 것이다. 절박함에서 벗어나 차분하게 객관적으로 목적과 목표 그리고 전략을 분명히 할 수 있었던 건, 모두 OGSM 덕분이었다.

OGSM은 방향 설정에 더 특화되어 있다. 거듭 말하지만, 이것이 먼저 세팅되어야 우리는 다음 단계로 나아갈 수 있다. 일종의 큰 그림이라고 하면 이해가 될 것이다. 'Goal목표'과 'Strategy전략' 항목은 일종의 '목표세팅'과 'To do list'와도 같은데, 이를 좀 더 구체적이고 실천가능하게 만드는 방법은 추후 이어지는 장에서 하나하나씩 상세하게 설명하고자 한다.

OGSM 차트 작성법

전체 방향

▹ 목표와 전략을 목적에 맞게 작성합니다.

▹ 잠재적인 장애물이나 과제를 파악하고 이를 극복하기 위한
계획을 수립합니다.

▹ 진행 상황을 추적하고 성공 여부를 측정합니다.

단계별 작성법

▹ **Objective 목적**: '왜'와 '방향'을 생각하며 작성합니다.

▹ **Goal 목표**: 목표는 구체적이고, 측정 가능하며, 달성 가능
하고, 관련성이 있으며, 시간에 제한이 있어야 합니다.

▹ **Strategy 전략**: 목표를 달성하기 위한 구체적인 전략이나 행
동 계획을 개발합니다. 전략은 상세하고 실행 가능하며 목표에
부합해야 합니다(10장 실행력을 높이는 To do list 작성법과 연계).

▸ **Measure 측정**: 진행 상황을 추적하고 목표를 달성하기 위한 지표 또는 주요 성과 지표KPI-Key Performance Index를 정의합니다. 측정은 구체적이고 측정 가능하며 전략과 일치해야 합니다.

3장

생산자에게 필요한
해내는 힘

삶의
방해꾼들

미켈란젤로는 위대한 조각가, 건축가, 화가 그리고 시인이었다. 미켈란젤로 하면 단연코 〈천지창조〉를 가장 먼저 떠올릴 것이다. 시스티나 성당에 그림을 그리게 된 건 질투로 인한 것으로 알려져 있다. 미켈란젤로가 교황의 묘 공사에 위촉되었다는 사실에 분개한 브라만테가 미켈란젤로가 실패하기를 바라는 마음에 생소한 과제를 주도록 교황을 설득하였는데, 그것이 천장화였다. 미켈란젤로에게 천장화 작업은 위기나 다름없었다. 그의 주전공은 조각이었기 때문이다. 그러나 미켈란젤로는 4년을 꼬박 누워 500평방 미터의 천장을 채우고, 300명 이상의 인물을 그려냈다. 이로 인해 관절염과 근육 경련 그리고 떨어지는 물감으로 인해 눈병을 얻었지만 새로운 역사를 만들어냈다. 위대한 업적을 이루어낸 미켈란젤로의 원동력은 무엇이었을까? 그가 천재라고 하지만 조각가로서 그림을 그려낸다는 것은 쉽지 않았을 것이다. "천재는 끊임없이 노력하는 사람이다"라는 명언을 남긴 미켈란젤로의 말은 한순간의 요행과 변화를 바라는 우리로 하여금 겸손함을 떠올리게 한다. 그는 끊임없이 배우고 노력하고 자신을 믿었다. 천재가 한 말이 맞나 싶을 정도로 뻔하고 당연한 말이란 생각이 들 수도 있지만, 그가 평범함의 중요성을 이야기했을 때 나는 다시금 그의 말에 귀 기울이기 시작했다. 평범함을 특별함으로 바꾸는 능력. 특별함은 평범함 속에 있다는 관점의 변화와 그 힘을 나는 보았다. 무언가 대단한 걸 숨기고 있을 거라 생각했던 천재의 당연한 말에서, 나는 내 평범함의 가치를 인정하고 그 속에 숨겨진 특별함을 찾아내자고 다짐했다. 너무나 평범하고, 큰일을 해낼 힘과 자격이 없다고 치부하며 깎아내리던 나에게 있어, 평범함을 특별하게 보려는 관점의 변화는 삶의 혁명과도 같았다. 이 다짐은 생산자의 비밀을 알아내고 실천할 수 있는 시작점이 되었다.

그렇다면 내 삶의 방해꾼, 브라만테는 누구이고 또 무엇이었을까? 무엇이 부족하여 또는 무엇의 방해로, 무어라도 이루기는커녕 아무것도 하지 못하게 되는 무기력에 빠져들게 된 걸까?

곰곰이 생각한 끝에 내가 낸 결론은 다음의 다섯 가지였다.

첫째, 시간

둘째, 열정

셋째, 욕구·욕망

넷째, 감정

다섯째, 자아

이것들은 항상 내 발목을 잡아왔다. 생산자의 삶으로부터 멀어지게 만들었다. 아니, 오히려 소모자와 소비자의 악순환으로 접어들게 하는 친절한(?) 방해꾼들이었다. 시간은 언제나 모자랐고 열정은 금세 식어버리곤 했다. 욕구와 욕망을 따라 나는 방황했고, 감정에 휘둘려 일을 그르치기 일쑤였다. 내가 무엇을 원하는지, '나'라는 자아가 무얼 잘하는지도 모른 채 수십 년을 살아왔다.

미켈란젤로의 이야기를 보고 나는 오기가 생겼다. 브라만테의 방해를 전화위복으로 삼은 그의 모습을 따라하고 싶었다. 나를 방해하는 것들을 그처럼 멋지게 이겨내고 싶었다. 그런데 과연 그럴 수 있을까?

방해꾼들을 나의 에너지로

"잘 싸우는 자는 노하지 않고, 잘 이기는 자는 잘 싸우지 않는다."

노자의 격언을 보며 내 머리의 한 곳에 빛이 드는 느낌이 들었다. 그러고 보니 미켈란젤로도 브라만테와 대립하거나 싸우지 않았다. 오히려 상황을 받아들이고, 그 안에서 최선을 다했다. 나를 방해하는 다섯 가지 방해꾼들을 이기기 위해서는 노자의 격언대로 싸우지 않으면 된다. 그렇다면 어떻게 해야 하는 것일까?

관점을 바꾸어보기로 했다. '나를 방해하던 것들을 들여다보면 그 안에 어떤 답이 있지 않을까?', '그것을 찾아내면 나를 방해하던 것들이 오히려 나를 돕는 무엇이 되지 않을까?'라는 생각을 했다.

만약 무언가를 위한 시간이 충분하다면? 열정이 식지

않고 쭈욱 이어진다면? 욕구와 욕망의 유혹에 쉽게 빠져들지 않는다면? 감정에 욱하여 일을 그르치지 않는다면? 나 자신을 잘 알아가고 내가 진정 원하는 것이 무엇인지를 알게 된다면?

방해꾼들의 멱살을 잡고 싸워 이기려던 분기탱천함은 어느새 가슴을 울리는 설렘으로 변했다.

정말 그럴 수 있다면 싸울 필요가 없지 않은가. 오히려 나를 방해하던 그것들과 공생하며 이전에는 하지 못했던 것을 할 수 있게 되는 것이 아닌가? 오히려 이것들이 미끄러운 나무를 오르게 하고, 엔트로피를 줄여나갈 수 있는 방향으로 안내하는 에너지가 되지 않을까?

결론부터 말하면 그러한 내 생각은 적중했다. 다섯 가지 에너지가 해내는 힘으로 변모하여, 생산자의 삶을 지속하게 해주고 있으니 말이다.

해내는 힘을
증폭시켜주는 공식

1장에서 엔트로피를 역행하려면, 미끄러운 나무를 오르려면 에너지가 필요하다고 말했다. 놀랍게도 이 에너지는 나를 방해하던 것들 속에 숨어 있었다. 그것을 왜 진즉 알아보지 못했을까? 왜 나는 그것들을 그저 내 삶을 방해하는 요소들로만 치부했을까? 이 또한 무기력과 게으름의 결과일지도 모른다.

당연한 것을 당연하게 보는 건 쉬운 선택이다. 흘러가

는 대로 사는 것은 너무나 쉬운 일이다. 나에게 묻고, 답을 찾으려 노력하고, 나만의 답을 글로 쓰는 것은 불편한 선택이다. 나는 이 선택의 과정을 통해 비로소 보지 못한 것들을 보고, 깨닫지 못하던 것들을 깨닫게 되었다. 이 설레는 발견을 통해 나는 재빨리 머릿속으로 하나의 공식을 산출해보기로 했다. 지금까지 내가 깨달아온 것들을 조합하면 근사한 공식 하나가 만들어질 거란 생각에서였다. '이 공식을 따르면 엔트로피를 줄여나갈 수 있지 않을까?', '해내는 힘을 증가시킬 수 있지 않을까?', '더 이상 무기력하지 않을 수 있지 않을까?', '이전보다 더 많은 것들을 생산해낼 수 있지 않을까?' 하는 생각이 온통 내 머릿속을 지배했다.

그리하여 결론 지은 공식은 다음과 같다.

OGSM + (불편한 선택 x 다섯 가지 에너지) = 해내는 힘과 생산성 증가

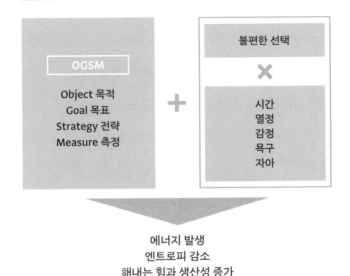

생산자의 해내는 힘 공식

OGSM

Object 목적
Goal 목표
Strategy 전략
Measure 측정

+

불편한 선택

×

시간
열정
감정
욕구
자아

에너지 발생
엔트로피 감소
해내는 힘과 생산성 증가

유레카! 뿌옇던 머릿속이 안개가 걷힌 듯 명료해졌다. 무엇을 어찌할지 몰라 방황하던 내게 내려진 한 줄기 빛과 같은 공식. 목적과 목표를 분명히 하고, 불편한 선택으로 다섯 개의 에너지를 활용하는 이 공식을 통해 내 삶의 추세가 바뀔 거라는 확신이 들었다. 그 결과 현재 나는 생산자가 되어 더 힘차게 앞을 향해 나아가고 있다. 이전과는 다르게 벌여 놓은 일들을 수습하기도 하고, 목표한 일들을 하나둘 달성해가고 있다. 가능하지 않은 물리적 시간의 제약 속에서 본업과 공부, 사이드 프로젝트와 가족 일원으로서의 내가 해야 할 일을 충실히 잘 해내고 있다. 무엇보다 나는 더 이상 무기력하지 않으며 몸과 마음의 활력은 물론 이 모든 활동이 가치로 환산되어 경제적 보상도 얻고 있다.

이제 다섯 가지 요소를 방해꾼이 아닌 에너지로 활용하는 방법을 설명할 차례다. 사실 여기까지 오는데 입이 근질근질했다. 다섯 가지 에너지에 대한 비밀을 설명하려 하니, 나는 지금도 마음이 설레고 흥분된다. 내 삶을 방해만 하던 다섯 가지 요소를 어떻게 해내는 힘의 에너지로 바꿀 수 있었을까? 그 비결을 공개한다.

방해꾼들에 대한
관점 바꾸기

관점을 바꾼다는 말은 꽤 식상하게 들린다. 모든 자기계 발서에서 말하는 바이기 때문이다. 그러나 나는 이것이 진정한 변화의 시작이라고 확신한다. 세상은 절대 변하지 않는다. 변하더라도 내가 바라는 방향이 아닌 경우가 더 많다. 세상은 내 의지나 바람 따윈 쉽사리 무시해버린다. 변해야 하는 건 나 자신이다. 나 자신이 변한다는 건, 결국 관점을 달리해야 한다는 말이다. 세상을 달리 보려 노력하면, 세상을 바꾼 것과 같은 효과를 얻을 수 있게 된다.

자, 그렇다면 이제껏 생각해왔던 다섯 가지 방해꾼들에 대해 하나하나 짚어보자. 이것이 삶의 에너지가 될 수 있는 여지는 그것들을 자세히 들여다봐야 가능하다.

1. 시간

시간 관리에 대해 곰곰이 생각해본 적이 있다. 시간 관리는 누구를 위한 것인가? 시간을 위한 것인가? 나를 위한 것이란 걸 누구나 알지만 우리는 그것을 자주 잊는다. 마치 시간을 위해 시간 관리를 하는 것 같다. 우리는 시간 관리를 위해 시간 쪼개기를 하지만, 시간 쪼개기가 중요한 게 아니란 생각이 들었다. 나의 페르소나는 무엇인지, 각 페르소나가 해야 할 일은 무엇인지, 시간을 쪼개어 내가 하고 싶어 하는 일들을 왜 해야 하는지가 우선이라는 걸 깨닫게 되었다. 그제야 비로소 나는 시간을 위한 시간 관리가 아닌 나를 위한 시간 관리를 할 수 있게 되었다. 모자라기만 했던 시간들이 점점 채워지는 기적을 경험했다. 돈을 주지 않고도 시간을 살 수 있는 방법을 찾아냈다.

2. 열정

잠깐의 열정에 활활 타오르다가 이내 무기력과 번아웃에 빠지는 생활을 반복해온 나는 열정이라는 온도에 대해 관점을 바꾸기로 했다. 사람은 항상 뜨겁게 혹은 항상 차갑게 살 수 없다. 항상 뜨거운 것만이 열정이 아니라는 걸 알게 되었고, 뜨거움과 차가움을 자유자재로 구사할 줄 아는 것이 열정의 본질임을 깨달았다. 열정의 진정한 뜻을 이해하고 나면 열정에 대한 나의 관점과 생각, 태도를 바꿀 수 있게 된다.

3. 욕망·욕구

나의 하루를 돌아본다. 그 모든 합은 욕망과 욕구의 결과라 해도 과언이 아니다. 그러나 우리는 욕망과 욕구를 그대로 다 드러낼 순 없다. 사회는 사람들의 욕망과 욕구를 억압한다. 이는 더 큰 질서를 이루기 위한 선善이기도 하지만, 우리가 마주하는 모든 히스테리와 크고작은 사건의 발단이 되는 악惡이 되기도 한다. 개인은 자신의 욕망과 욕구를 잘 마주하고 그것을 살펴야 한다. 그 안에서 내가 원하고 바라는 것을 찾아낼 수 있어야 한다. 순간의 욕망과 욕구가 내 삶을 좌우하지 않을 수 있도록, 그것들을 잘 이해함으로써 더 큰 것을 이룰 수 있는 원동력으로 욕망과 욕구를 활용할 줄 알아야 한다.

4. 감정

어느 날 산책을 하다 문득 이런 생각이 들었다. '감정은 나일까?', '내가 감정일까?' 내가 느끼는 희로애락이 곧 나인지를 스스로에게 물었다. 놀랍게도 답은 '아니다'였다. 지금까지 나는 나와 감정을 동일시해 왔는데, 왜 그것들이 갑자기 별개라는 생각이 들었을까?

감정과 나를 동일시하는 순간 삶은 고단해진다. 그래서 나는 감정에 대한 내 관점을 바꾸기로 했다. 한 발자국 떨어져 내 상태를 알려주는 소중한 친구라고 말이다. 그러자 세상이 주는 자극에 바로 반응하지 않고, 자극과 반응 사이를 살피는 능력이 조금씩 늘었다. 기분이 나쁘다고 하루를 망치는 날들이 점점 줄어갔다.

5. 자아

'나는 누구일까?' 이 질문에 답을 하고 생을 마감하는 사람이 몇 명이나 될까 싶다. 그러나 분명한 건 시간, 열정, 욕망과 욕구 그리고 감정을 모두 합하면 나를 조금은 더 많이 이해할 수 있게 된다. 하고 싶은 일과 해야 하는 일. 후회스러운 과거와 고단한 오늘 그리고 불확실한 미래를 견디는 존재는 다름 아닌 나다. 자아를 제대로 이해할 때 나는 비로소 관점을 바꿀 수 있다. 해내는 것은 나고, 그 열매는 다름 아닌 나에게 돌아온다.

나는 지금도 이 다섯 가지 요소들과 아웅다웅하며 살고 있고, 엔트로피는 매 순간 증가하고 있다. 다섯 가지 에너지는 완벽하게 마스터할 수 있는 것들이 아니다. 사람은 완벽할 수 없지만 나아질 수는 있다. 나아진다는 건, 오늘 하루를 나아간다는 뜻이다.

2부

다섯 가지 에너지의 비밀

4장

시간
: 모자라기만 했던 시간들이
점점 채워지는 기적의 에너지

시간의
배신

당신은 누구에게나 시간이 공평하다고 생각하는가? 시간으로 돈을 벌고, 돈으로 시간을 사는 시대다. 노동과 시간은 어느 정도 비례 관계에 있었지만, 점점 뒤죽박죽이 되어가고 있다. 덜 일하고, 빨리 그리고 많이 버는 것이 당연시된 사회에서 시간은 더 이상 공평하지 않다. 공평하다고 생각한 시간의 가치는 훼손된 지 오래다. 나는 이 훼손이 마냥 나쁘다고 생각하지는 않는다. 늘 부족한 시간이라는 속성이 사람들로 하여금 효율성과 속도에 집착하게 했기 때문이다. 즉 공평이라는 말은 이제 더 이상 시간과 어울리지 않는다. 이것을 공평의 배신이라 해야 할까, 시간의 배신이라 해야 할까. 나는 시간의 배신이라 결론짓는다.

하루 24시간은 객관적인 개념이지만, 각자에게 주어지는 시간은 상대적이다. 전자를 시간(크로노스)이라 한다면, 후자는 시각(카이로스)이라 할 수 있다. 시계의 전진과 흐름은 모두에게 같지만, 그것을 받아들이거나 적용되는 질량과 가치는 저마다 다르다. 재밌는 영화를 보는 사람과 난로 위에 앉아 있는 사람 앞에 있는 시계는 똑같이 움직이지만, 각자가 받아들이는 느낌과 다급함은 비교할 수 없을 정도로 다르다.

이런 시간의 속성을 보면 시간이 우리를 배신했다고 말할 수 없다. 우리가 그 깊은 뜻을 몰랐거나, '시계는 누구에게나 공평하다'라는 말을 '시간은 누구에게나 공평하다'라고 잘못 사용해왔던 거라고 할 수 있다. 시간을 배신한 건 아마도 우리일 것이다.

우리는 시간 관리를 잘하기 위해 시간 그 자체에 집중한다. 시간을 쪼개어 사용하고, 다이어리에 계획을 빼곡하게 채우느라 여념이 없다. 촘촘하게 세운 계획을 얼마나 지켰는지 스스로에게 묻는다면, 나는 그 대답에 자신 있게 그렇다고 말할 수 없다. 매번 새로운 도파민과 함께 '해야 할 것'과 '하고 싶은 것'을 써 내려갔지만 해내거나 이룬 건 극히 드물었기 때문이다. 하지도 못할, 하지도 않을 계획을 차곡차곡 쌓아가며, 나는 계획 그 자체에 매몰되었던 것이다.

그래서 관점을 바꿔보기로 했다. '시간'에서 '나'로 말이다. '시간을 위한 시간', '계획을 위한 계획'에서 벗어나보니 그제야 보였다. 내가 쪼개고 관리한 시간과 빼곡히

써놓은 계획 속에 내가 없다는 것을 말이다. 시간 관리와 계획은 나를 위한 것인데, 어처구니없게도 나는 온데간데 없고, 주체가 없는 바람과 이상만이 어수선하게 휘갈겨 엉켜 있었다.

스스로를 배려하지 않은 시간 계획은 무용지물이다. 어쩌면 스스로를 괴롭히고 무기력으로 안내하는 지옥의 사자와도 같을 것이다.

나는 더 이상 계획을 얼마나 잘 세웠는지, 그 계획을 얼마만큼 이루어냈는지를 스스로에게 따져 묻지 않기로 했다. 대신 내가 지금까지 이루어온 것을 살펴보기로 했다. 놀랍게도 아무것도 이루지 못했다고 생각했는데, 이룬 것들이 꽤 있었다. 나 스스로가 달리 보이기 시작했다.

쳇바퀴 돌듯 매일을 살아온 직장인인 나는 아홉 권의 책을 출간한 작가이기도 하다. 게으르고 꾸준함이 부족했던 내가 어떻게 아홉 권의 책을 쓴 출간 작가가 되었을까? 그것도 매일매일을 출근하는 직장인의 신분으로 말이다. 이는 결코 계획한 일이 아니었다. 다이어리에 몇 날, 몇 시까지 몇 개의 글을 쓰자고 했던 게 아니다. 책을 출간하기 위해 출판사에 투고하지도 않았다. 그동안 소비적으로 살기만 했던 나에 대한 경종과 무언가를 생산해야겠다는 절실한 다짐, 그리고 실천이 만들어낸 결과였다.

계획한 일은 제대로 되지 않고, 계획하지 않은 건 이루어지는 아이러니라니… 재밌지 않은가? 계획이 필요 없다는 게 아니다. 내가 세운 계획 안에 내가 얼마나 중심을 차지하고 있는지를 묻는 것이다. 계획을 위한 계획이 아닌, 나를 배려하는 계획을 세운다면 이전보다 계획을 달성할 수 있는 가능성이 높아질 것이다.

시간을 위한
시간 관리를
멈추기로 했다

간혹 주어진 단어에 골똘할 때가 있다. 모기약이란 말을 들었을 때 그랬다. 감기약, 멀미약, 몸살약은 먹는 사람을 위한 약인데, 모기약은 모기를 위한 약일까? 엉뚱하다는 걸 알면서도 나는 왜 이러한 질문을 하는지 스스로에게 물었다. 그 단어의 진위나 맞고 틀림을 가리자는 게 아니라, 무심하게 쓰는 단어와 그에 대한 나의 반응을 돌아보고 싶었다. 무심하게 지나치지 않고, 그 안을 자세히 들여

다봤을 때 내가 얻는 것들이 상당했기 때문이었다.

'시간 관리'란 말도 그렇다. 시간 관리는 누구를 위한 것인가? 시간을 위한 것일까, 나를 위한 것일까? 당연히 그 누구든 시간 관리는 나를 위한 것이라고 말할 것이다. 과연 그럴까? 시간 관리를 할 때, 사람들 대부분은 시간을 쪼개기 시작한다. 이유는 간단하다. 없는 (또는 없다고 생각하는) 시간을 찾아내기 위해서다. 시간의 빈틈을 찾아내어 추가 시간을 확보하고, 그 사이 이전에 하지 않았던 것을 시도하려는 의도다. 《나를 관통하는 글쓰기》(탈잉)에서 글쓰기를 위한 시간 관리에 대해 언급한 적이 있다.

하루는 24시간.

건강한 신체를 유지하기 위해 8시간은 잔다고 생각한다. 세끼 식사를 기준으로 3시간을 제외해 본다. 평일이라면 8시간 근무를 해야 한다. 출퇴근 시간 2시간을 뺀다. 커피를 마시거나, 화장실을 가거나, 동료와 담소를 나누는 등의 소일거리를 약 2시간 잡아 본다. 예상하지 못한 변수 1시간을 예외로 할당해 놓는다.

8+3+8+2+2+1=24

아, 이런. 벌써 24시간이 꽉 찼다.

여기에 회식이나 야근이라도 있으면 마이너스다. 돈이 모자라면 어디서라도 빌리면 되지만, 시간은 그럴 수가 없다. 결국 내가 가진 것들 중 어느 시간을 줄여야 한다.

다행인 건 직장인에겐 '주말'이라는 보장된 시간이 있다는 것이다. 그러나 주말엔 평일에 마이너스로 돌아선 시간을 보충해야 한다. 모자란 잠을 몰아서 자야 하고, 하지 못한 집안 일과 개인 정비를 해야 한다. 그러다 이제 막 정신을 차리고 뭐라도 하려고 할 때쯤이면 어느새 월요일이란 친구가 등 뒤에 서늘하게 다가와 있다.

아무리 쪼개어도 늘 부족한 시간

시간은 아무리 쪼개어 써도 늘 모자라다. 16세기의 철학자 프랜시스 베이컨도 '시간을 선택하는 것은 시간을 절약하는 것이다'라고 말했다. 시간을 절약하기 위해서는 선택을 해야 하는데, 현실은 선택할 시간조차 낼 여유가 없다. 그렇다면 우리가 무언가를 하기로 마음먹은 후엔 어떻게 해야 할까? 시간을 만들어내거나 시간을 찾아내야 한다. 그러나 시간은 보물 찾기가 아니다. 베이컨이 말한 대로 우리는 선택을 통해 시간을 만들거나 찾아내야 한다.

시간을 만들어내는 간단한 방법은 잠을 줄이는 것이다. 미라클 모닝 챌린지가 붐인 이유도 나만의 시간을 찾기 위한 사람들의 노력으로부터였을 것이다. 새벽 4시 30분에 하루를 시작하면 된다. 방법은 쉽지만 실천은 결코 쉽지 않다.

미라클 모닝이 어렵다면 주말 어느 시간을 비워놓는 것도 방법이다. 그런데 막상 주말이 되면 그 계획은 지켜지지 않는다. 지인의 결혼식, 가족 행사, 하물며 오랜만에 잡힌 약속들까지 주말에도 해야 할 것들이 잔뜩이다. 지금까지의 이 흐름은 대부분의 사람이 따르는 방식이다. 시간을 쪼개고, 시간을 선택하여 없는 시간을 만들거나 찾아내는 일 말이다.

시간을 쪼개고, 그 안에 나를 욱여넣으려 했던 지난날들은 내게 패배감과 자책감만을 안겨다 주었다. 무엇 하나 진득하게 하거나 결과를 낸 것이 없었다. 새벽에 일어나기는 죽기보다 싫었고, 주말 어느 시간을 정기적으로 정해놓고 무얼 한다는 건 수많은 변수로 무산되었다. 그러다 나는 깨달았다.

내가 쪼개어 놓은 시간과 계획 안에 정작 나는 없었고, 진정 '하고 싶은 일'이 무엇인지조차 스스로에게 묻지 않았다는 걸 말이다. 불안하니까, 뭐라도 해야 하니까, 그냥 있으면 뒤처질 것 같으니까 이것저것을 해야 한다고 스스로를 강박하고, 없는 시간을 만들어내어 거기에 나를 억지로 맞추고는 실패를 거듭하고 있던 것이다. 마치 시간을 만들어놓으면 내가 알아서 자동적으로 뭐라도 할 것처럼 말이다.

진짜 시간 관리법

첫째는 시간부터 쪼개는 게 아니라 내가 진정 원하는 게 무엇인지, 왜 하고 싶은지를 묻는 것에서 출발해야 한다. 즉, '나 자신'을 관리해야 한다. 나를 관리해서 이루어내고 싶은 것이나 하고 싶은 것을 스스로에게 묻고 답하는 시간을 가져야 한다. 나는 이 과정을 생략했기 때문에 어렵게 쪼개어 만든 시간에 운동, 어학, 글쓰기, 강의 준비 등을 한꺼번에 집어넣고는 실패하고 자책하기를 반복했던 것이다.

둘째는 나의 감정을 살피는 일이다. 의사결정 능력은 이성이 아닌 감정에서 온다. 심리학에서도 밝힌 바, 변연계에서 일어나는 감정에 따라 우리는 무언가를 결정하고 실천한다. 예를 들어 다이어트 책을 읽었다고 그것을 실천하지 않는다. 머리로 알고 있는 것으로 다이어트를 하고 있다고 착각할 수는 있다. 그러나 체중은 빠지지 않는다. 우리가 운동복을 챙겨 입고 밖으로 뛰어나가는 순간은 갑자기 살 찐 내 모습을 거울로 봤을 때나, 작년에 입던 옷이 더 이상 맞지 않을 때 오는 당혹감과 좌절감을 느낄 때다. 과거 의사결정을 내리고 실천했을 때를 돌아보자. 거기엔 분명 감정이 존재했음을 알게 될 것이다. 이루었을 때의 성취감, 하나하나 해 나아갈 때의 설렘이 존재한다. 물론 그 과정이 쉽지 않다. 계획을 완벽하게 지키지 못하더라도 그 보람을 오롯이 느끼고 성취감을 느끼려면 나라는 주체를 명확하게 해야 한다.

나는 여전히 계획과 실천 사이에서 방황한다. 그러나 전엔 느껴보지 못한 이 성취감을 통해 나는 숨 쉴 틈을 갖게 되었다. 지난 평생을 시간을 위한 시간 관리를 해오며

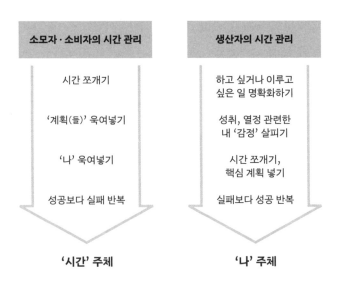

시간이 아닌 나를 위한 시간 관리

소모자·소비자의 시간 관리	생산자의 시간 관리
시간 쪼개기	하고 싶거나 이루고 싶은 일 명확화하기
'계획(들)' 욱여넣기	성취, 열정 관련한 내 '감정' 살피기
'나' 욱여넣기	시간 쪼개기, 핵심 계획 넣기
성공보다 실패 반복	실패보다 성공 반복
'시간' 주체	'나' 주체

스스로를 괴롭혔던 시행착오에서 벗어났기 때문이다. 나를 위한 시간 관리를 하며 이전과는 비교할 수 없는 성과물을 내놓으면서 나는 전보다 덜 자책하고, 자신을 더 신뢰를 하게 되었다.

살다 보면 본말전도本末顛倒를 무심코 지나칠 때가 있다. 본말이 전도되면 삶은 오염된다. 앞서 내가 모기약을 떠올린 이유다. 시간 관리도 마찬가지다.

일상 루틴은
더하는 게 아니라
발견하는 것

'해야 할 일'과 '하고 싶은 일'이 산더미다. 둘의 구분은 무의미하다. 같은 듯 다르고, 다른 듯 같다. 해야 할 일이나 하고 싶은 일이 많다는 건 내가 살아 숨 쉬고 있다는 증거이기도 하다. 억지로 하든, 열정을 갖고 하든 무언가에 도전하고 해내는 성취감은 눈앞에 산더미처럼 쌓인 일들에 비례할 가능성이 높기에 허투루 대할 수가 없다. 말은 이렇게 했지만, 나는 그 산더미에 자주 압도당한다. 출판사에 넘겨야 할 원고, 읽지 않고 쌓이기만 하는 책들, 미루고 있는 개인 브랜딩 콘텐츠 제작은 물론 글쓰기 프로젝트에 참여한 수강생 피드백까지. 아, MBA 과제는 내일까지이고, 운동도 해야 하는데… 라는 한숨과 함께 내일 회사에서 해야 할 중요한 보고가 떠오른다. 이쯤 되면 나는 말 그대로 그로기groggy 상태가 되곤 한다.

그래서 선택한 방법은 일상 루틴 만들기였다. 하루 한 시간은 글쓰기, 하루 두 시간은 독서, 한 시간은 콘텐츠 만들기 등을 계획하여 시간을 쪼개고 또 쪼개었다. 시간표와 계획표도 그럴싸하게 작성했다. 생산성 툴을 찾아 각 목록에 내가 해야 하는 일을 적어놓고 완료 여부를 체크했다. 어느 정도 반복하면 습관이 될 거라 믿었고, 그 습관이 나를 좀 더 생산적인 사람으로 만들어줄 거라 확신했다. 운전대를 잡지 않아도 나를 목적지에 데려다주는 자율주행이 가능한 자동차에 거는 기대와 다르지 않았다.

그러나 작심삼일은 고사하고 작심일일조차 쉽지 않았

다. 하나가 밀리면 다른 계획들은 줄줄이 수포로 돌아갔다. 시간을 쪼개는 것도 한계가 있었다. 억지로 만들어낸 일상 루틴은 아무리 발버둥쳐도 내 삶에 스며들지 않았다.

반복되는 하루에서 찾은 희망

무거운 몸을 일으켜 출근 준비를 하다 일상을 다르게 바라보게 되었다. 꾸준함이 부족한 내가 출근만은 제대로 해내고 있었다. 이보다 훌륭한 일상 루틴이 있을까. 관점을 달리하니 지겹게 반복되는 하루가 아주 훌륭하고 강력한 일상 루틴이었다. 아침에 일어나 가야 할 곳이 없었다면, 나는 엔트로피 법칙을 충실히 따라 그날 하루를 무질서하게 보냈을 것이다. 실제로 나는 휴일에 생산성이 떨어진다. 글쓰기 역시 휴일보다 평일 퇴근 후에 더 자주 한다. 휴일이나 주말은 시간이 많다는 착각에 사로잡히기 때문이다. 그래서 나는 일상 루틴을 새롭게 만들기보다는 있는 일상 루틴을 발견하고 활용하기로 했다. 실제로 생산성을 높인 나만의 방법들을 소개한다.

출퇴근 시간은 오롯이 나 혼자 있을 수 있는 소중한 시간이다. 출근해서는 회사 사람들과 아웅다웅해야 하고, 집에 와서는 가족들과 그리해야 한다. 물론 사랑하는 이들과 함께 있는 시간은 매우 소중하다. 그러나 사랑하는 가족이라 할지라도 엄밀하게 보면 사회생활이라고 볼 수 있다. 직장인이라는 페르소나를 벗고, 남편과 아빠라는 페르소나를 써야 하기 때문이다. 가족의 일원으로서 내가 해야 할 일이 있다.

이것을 깨달은 후, 나는 출근길을 귀찮아하지 않고 퇴근길 걸음은 재촉하지 않는다. 잠시 주어진 그 시간을 만끽한다. 통근 버스에 안에서의 몽롱한 정신은 상상력이 발휘되는 순간이다. 차분한 클래식 음악을 들으며 무의식을 살핀다. 이때 유연한 생각들이 마구 피어오른다. 말 그

대로 영감이 떠오르는 것이다. 어느 날 '이 버스가 정해진 경로를 벗어나면 어떻게 될까?'라는 생각을 한 적이 있는데, 이 한 줄의 상상력이 소설 《바다로 간 통근 버스》를 탄생시켰다.

퇴근 시간은 브레인 라이팅, 즐거운 글쓰기 시간이다. 스마트폰에 메모해두었던 글감 하나를 골라 머리로 글을 쓰기 시작한다. 제목은 어떻게 지을까? 장르는 무엇으로 할까? 도입부는 어떻게 시작할까? 예시나 비유는 어떻게 할까? 등등. 브레인 라이팅을 하고 나면 어느새 글의 형태가 갖추어진다. 글을 쓰자고 책상 앞에 앉아서 끙끙대던 예전보다 내용도 풍부해지고, 글을 쓰는 속도도 빨라졌다.

출근과 퇴근은 직장인의 거부할 수 없는 일상 루틴이다. 이 좋은 일상 루틴을 놔두고, 새로운 일상 루틴을 만들려고 했다니…. 다른 일상 루틴을 만들어 지켜낼 자신 없는 나에겐 출근과 퇴근이 더없이 좋은 루틴이었다. 있는 것을 활용하여 더 큰 생산성을 만들어내는 귀중한 경험이었다.

헬스장에 기부한 금액으로 치자면 나는 누구에게도 뒤처지지 않는다. 헬스를 등록하고 3분의 1 이상을 간 적이 없었다. 언제나 마음만 앞섰고, 운동하는 시간보다 운동하러 가는 여정을 힘들어했다. 막상 운동을 시작하면 열심히 하고 개운함을 느꼈지만, 의지는 헬스장으로 향하는 여정 속에서 사라져 갔다. 그러다 운동 목적을 떠올렸다. 건강과 체력, 체중 조절을 위함이었다. 그렇다면 굳이 근력을 단련하거나 과도한 운동까지는 필요 없다. 걷기로도 충분하다. 걷기는 글감도 떠올릴 수 있고, 사색도 가능하니 이보다 더 좋은 운동이 없다는 생각이 들었다.

한 재능공유 플랫폼에서 〈글쓰기 VOD 강의〉를 찍자고 했을 때, 나는 10킬로그램를 감량하기로 결심했다. 영상은 언제까지고 남으니까 말이다. 주어진 기간은 3개월.

일, 글쓰기, 독서, 사이드 프로젝트 운영, MBA 공부, 또 가족과도 시간도 보내야 하는데 운동할 시간이 있을까?

운동이라는 루틴을 새로이 더하기보단 일상 루틴을 활용해야겠다고 마음먹었다. 방법을 찾아보니 답은 있었다. 나는 아래와 같이 걷기 운동을 실천했다.

- **회사 점심시간에 여의도 공원 한 바퀴 걷기(3.5킬로미터)**

- **퇴근길 전철 네 정거장 전에 내려서 걷기(4.5킬로미터)**

- **주말 저녁 가족들과 불광천 걷기(4.5킬로미터)**

이 외에도 사무실이나 전철역에서 계단을 이용해 걷기도 했다. 덕분에 목표한 대로 10킬로미터를 감량하고 VOD 영상을 촬영하는 데 성공했다. 가족들과 함께 걸으며 대화도 많이 나누고, 무엇보다 글쓰기 영감을 수두룩하게 얻었다.

시간 관리의 핵심,
의지를 어떻게 유지할 것인가

해야 하는 일이 많으니 물리적 시간 확보는 분명 필요하다. 문제는 의지다. 의지를 유지하는 법이 시간 활용의 핵심이다. 아무리 시간이 확보되었더라도 실천이 뒤따라주지 않으면 아무 소용이 없다. 해서 나는 자발적 주6일 근무를 한다. 평일 주5일은 회사 일에 몰두하고, 토요일은 내 회사를 운영한다는 생각으로 내 일을 한다. 기고 글을 쓰거나 강의를 하고, 콘텐츠를 개발한다. 중요한 건 이 모두를 '취미'가 아니라 '업'으로 받아들이고 실행한다는 것이다. 그래서 '자발적 주6일 근무'라는 발상을 하게 되었다. 하고 싶은 일을 하기 위해 내 시간을 투자하는 것이다.

평일에 업무 모드를 유지하는 방법도 있다. 퇴근 후 휴식 모드로 바뀌는 과정에서 의지가 사라질 가능성이 높기에, 해야 할 일이 많을 때에는 퇴근 후 집에 돌아와 옷을 갈아입지 않고 바로 책상에 앉는다. 세상에 가장 독한 사람이 여행 다녀와서 바로 짐 정리하는 사람, 밥 먹고 바로 설거지하는 사람이라는데, 이를 역이용하는 것이다. 회사에서 하던 업무 모드를 (내 일을 위해) 이어간다고 생각하면 좋다. 이 방법은 확실히 의지가 더 오래 유지되고, 퇴근 후 몇 가지 일을 완수해내면 묘한 성취감도 느끼고 성과물도 더 많이 나온다.

이 밖에도 나는 휴일 아침에 일어나자마자 샤워를 하려 노력한다. 씻지도 않고 빈둥대다 하루를 허무하게 보낸 날들이 너무나도 많기 때문이다. 나 자신을 너무 잘 아는 나의 꼼수이자 엔트로피 방향을 바꾸려는 시도다.

이처럼 일상 루틴을 잘 발견해서 활용하면, 그 생산 활동이 그 이상의 또 다른 것을 만들어내는 선순환을 만들 수 있다. 억지로 일상 루틴을 만들다 지치지 않기 위해, 우리는 일상 루틴을 새롭게 바라볼 줄 알아야 한다. 소중한 것들은 언제나 평범함과 일상 속에 (숨어) 있다.

생산자의 태도

▸ 무턱대고 시간을 쪼개지 않는다. '왜'라는 목적을 분명히 한 뒤, 자신을 먼저 돌본다. '시간 관리'보다 '자아 관리'를 먼저 한다.

▸ 목표를 달성하기 위해 무작정 일상 루틴을 더하지 않고, 있는 루틴을 잘 발견하여 그 시간을 활용 한다.

▸ 생산자는 시간 또한 생산해낼 수 있다. (불편한 선택으로 과거 '소모'와 '소비'의 행태 줄이기)

5장

열정
: 살아 있는 한
절대 꺼지지 않는 에너지

열정의
온도

사람의 정상 체온은 36.5도다. 36.5도를 기준으로 체온이 떨어지면 오한을 느끼고, 피부는 창백해진다. 34도 아래에서는 열 손실을 줄이기 위해 심장박동이 느려진다. 심장박동이 느려지면 몸의 각 기능이 제대로 기능하지 않는다. 33도에는 근육이 굳고, 31도에서는 의식이 흐려지며, 29도에는 맥박과 호흡이 느려진다. 28도 이하로 내려가면 운명을 하늘에 맡겨야 한다.

반대로 체온이 39.5도가 넘으면 심장 박동이 빨라진다. 혈류량이 늘어나 열이 나고, 몸은 자동적으로 열에너지를 방출하기 위해 엄청난 에너지를 소비한다. 온몸에 열이 날 때 우리 몸이 맥을 못 추는 이유다. 체온이 상승하면 뇌에 필요한 산소량도 늘어나는데, 필요한 만큼 충족되지 못하면 뇌세포가 파괴된다.

우리 몸은 36.5도라는 적정 체온을 유지하기 위해 항상성에 매진한다. 몸이 추우면 열을 잡아두기 위해 혈관을 수축시키고 모공을 좁히며, 열이 많으면 모공을 열어 땀을 방출해 열을 식힌다.

나와 우리를 위한 열정 온도

대부분 열정이라 하면 불타는 이미지를 떠올린다. 열정은 늘 뜨거워야 한다고 생각하기 때문일 것이다. 쇠를 녹이고도 남을 온도여야 무언가를 해낼 수 있는 걸까?

심리하에서는 도파민을 열정의 호르몬이라 부른다. 어떤 보상을 얻기 위해 달려갈 때, 도파민이라는 호르몬이 분비되어 열렬함과 몰입력이 높아지면서 강력한 동기가 생겨난다. 그런데 도파민이 과하게 분비되어, 소위 우리가 말하는 열정에 불타오르면, 시야는 매우 좁아지고, 다른 것은 잊게 된다. 무언가를 잊을 수 있다는 건 삶에 있어 일종의 쾌감이다. 내가 어떤 목표를 향해 달려 나갈 때, 내 삶을 내가 통제할 수 있을 것만 같은 느낌을 받는다. 이것은 일종의 집착 혹은 중독과도 같은 현상이다. 그러나 내가 잊고 싶은 것 중에는 회피하고 싶은 현실이나 마음의 불편함이 있을 수 있지만, 그 안에는 나 자신은 물론 내가 소중히 대해야 하는 사람들까지 포함되어 있기도 하다. 목표를 성취한다는 열정에 취해 열정 온도를 계속 높이다 보면, 주위는 물론 나 자신조차 활활 타 사라져버리는 일이 발생한다.

나 또한 번아웃으로 내동댕이쳐지거나 내 열정에 주위

사람이 데어 떠나간 경험을 한 적이 있다. 이 경험 이후, 나는 열정이라는 메커니즘을 체온의 항상성과 연관 지어 떠올린다. 나와 내 주위 모두의 안녕을 위해서 말이다.

열정에도 균형이 필요하다

건강 전문가들은 사람의 체온이 1도 올라가면 면역력이 다섯 배가 좋아진다고 말한다. 그러나 이는 건강함의 범주에 있을 때 적용되는 이야기다. 이미 39.5도가 넘는 사람의 체온이 1도 올라가는 건 면역력과는 아무런 관계가 없는 상황이 되고 만다. 면역력은커녕 오히려 더 심각한 상황이 초래될 것이다.

운동을 하기 전 준비 운동을 하는 이유는 체온과 근육의 온도를 상승시켜 골격근의 대사를 증가시키기 위해서인데, 이는 신체의 가동범위를 넓히고 근육 및 관절의 손상을 예방한다. 더불어 심장에 혈액 공급을 적절하게 해주어 혈류량을 증가시키고, 피로의 부산물인 젖산의 초기 생성을 막는다. 준비 운동을 마치고 최상의 컨디션으로 본 운동을 한 뒤에는 숨쉬기 운동으로 마무리하는 게 좋다. 숨쉬기 운동은 일종의 쿨다운 운동으로, 올라갔던 온도를 다시 내려 적정 온도로 회귀하는 과정이기 때문이다.

지금까지의 내용을 종합하여 열정의 온도를 계산해보면, 나는 36.5도라고 결론짓는다. 열정은 있고 없고의 문제가 아니고, 어디선가 떨어지거나 누군가 건네주는 것도 아니다. 일을 도모할 때에는 스스로 온도를 높여가야 하고, 무언가를 해냈을 땐 다시금 그것을 쿨다운 할 줄도 알아야 한다. 이런 과정이 익숙해진다면 열정의 온도는 얼마든지 조절할 수 있게 된다. 건강한 체온의 범주에서 1도를 올려 면역력을 다섯 배 올리는 것처럼, 열정의 온도 역시 단 1도를 올려서 다섯 배의 성취를 얻을 수 있다.

열정이 나를 태우지 않게 하기 위해

지난날의 내 열정을 되돌아본다. 한때 나는 무언가 집요하게, 남을 이기거나 내가 가진 다른 무언가를 희생시키며 달려가는 것이 열정이라 믿었다. 때론 직장에서 타인과의 경쟁에 집착하며 당위성을 입증하려 하기도 했고, 경제적인 책임을 다해야 한다는 생각에 가족과의 시간을 미루고 회사 일에 전념했다. 어떤 사람들은 내 열정의 온도가 너무 뜨거워 다가가기 힘들 정도였다고도 했다.

한때는 하루에 글을 7~10편을 쏟아낸 적이 있었다. 곧 나의 에너지는 소진되었고, 한동안 글을 쓰지 못했다. 다른 생산적인 일도 전혀 하지 못했다. 하고 싶은 일과 해야 하는 일은 쌓여만 가는데, 아무것도 하지 못하고 있는 나 자신을 자꾸만 자책했다. 물론 그때의 온도를 깎아내리고 싶진 않다. 심지 끝까지 태워본 사람만이 적정한 불의 세기와 온도를 다룰 줄 안다고 믿기 때문이다.

목표와 성취를 이루어냈을 땐, 생각보다 많은 사람들이 내 주위에서 사라졌고, 가족에게도 내가 해줄 것이 없다는 걸 알게 되었다. 무엇보다 마음이 공허했다. 다 타버리고 남은 잿더미 위에서 나는 하늘을 멍하게 바라보는 한낱 숯덩이와도 같았다. 이런 과정을 거치고 나니 열정의 온도에 연연하지 않게 되었다. 타올라야 움직일 수 있다는 마음은 버린 지 오래다. 가슴이 설레고, 심장이 쿵쾅대는 일만 골라한다는 환상에서도 조금은 더 자유로워졌다.

나는 이제 훅 하고 올라오는 설렘이나 뜨거운 온도에 바로 넘어가지 않는다. 밤을 새워 한 번에 끝내려는 욕심을 잠시 내려놓고, 써지지 않는 글을 붙잡고 있지 않는다. 그보다는 열정의 이유와 근원, 내가 하고자 하는 일과 나아가야 할 방향을 떠올린다. 그러면 지나치게 높아지려던 온도는 본 운동을 하기에 적절한 에너지가 되고, 일을 마치고 나면 언제든 다시 뜨거워질 수 있는 몸과 마음이 된다.

해야 하는 일이나 하고 싶은 일이 있을 때 나는 서서

히 준비 운동을 하며 단 몇 도의 온도를 올릴 준비를 한다. 송곳과 같은 시야보다는, 조금은 덜 뾰족하더라도 나와 주위를 둘러볼 정도의 시야를 가지려 노력한다. 오늘 하루를 불태워버릴 요량보다는 서서히 데우고 또 서서히 식혀가는 과정을 즐긴다.

열정은 살아가는 데 없어서는 안 되는 에너지다. 그렇지만 과한 열정은 나까지 태워버리고, 내 주위의 누군가를 다치게 하는 경우도 다반사다. 열정의 온도보다 더 앞세워 생각해야 할 것은 나 자신이다. 내가 이루고 싶은 것과 그 이유를 파악하고, 결과를 넘어 과정의 즐거움을 즐길 줄 알아야 한다.

열정과 고통은
함께 온다

위기危機와 기회機會는 함께 온다. 위기를 이겨내는 과정에서 성취와 성장을 얻어낼 수 있다는 뜻이 배어 있다. 위기는 피하는 것이 좋겠지만 기회는 놓치지 말고 잡아야 하는데, 위기를 피하면 기회도 없다는 게 삶의 아이러니다. 어려움을 이겨낸 위인들이나 결핍을 메꾸기 위해 노력하는 우리의 모습과 High Risk, High Return이라는 투자 원리를 보면 그 특성이 잘 이해된다.

반대로 기회라고 믿었던 것에서 위기를 맞이할 수도 있다. 빛의 화가라 불리는 램브란트는 초상화로 부와 명성을 누리는 예술가였다. 그러나 그의 명성을 앗아간 건, 아이러니하게도 그의 역작으로 알려진 〈야경: De Nachtwacht(원제는 '프란스 반닝 코크와 빌럼반 루이텐부르크의 민병대'다)〉라는 작품이었다. 이 작품은 빛과 어둠을 극적으로 사용하는 키아로스쿠로 기법을 사용하였는데, 당시 평론가와 사람들은 이러한 표현 기법을 탐탁지 않게 여겼다. 누구는 환한 곳에 있고, 누구는 어두운 곳에 있다는 것이 정서적으로 불편하다는 이유에서였다. 그는 이 작품으로 초상화 화가라는 명성을 잃고 만다. 이처럼 위기 속에 기회가 있고, 기회 속에 위기가 있다. 두 단어의 공통된 기(機)라는 글자를 곱씹어보면 더욱더 그 뜻이 분명해진다. 위태로움을 잘 짜면 오히려 기회가 되고, 잘 짜인 틀이라도 제대로 관리하지 않으면 위태로워질 수 있다는 게 그 뜻이다. 우리는 위기와 기회 사이에서 오늘도 아슬아슬하게 살아가고 있는 것이다.

열정과 고통의 관계도 이와 같다. 열정의 어원은 라틴어인 파시오Passio로, 오랜 시간 동안 고난이라는 의미로 쓰였다. 영화나 뮤지컬에 등장하는 패션 오브 크라이스트 The passion of the Christ 제목을 떠올려보자. 10세기에 쓰인 라틴어 파쇼:넴Passionem은 십자가에 매달린 예수의 육체적 고통을 의미했다. 그렇다면 열정의 어원은 왜 고통의 뜻으로 시작되었을까? 예수의 고통은 그저 단순한 아픔이 아니었다. 인류를 위해 무언가를 이루려는 큰 뜻이 있었다. 즉, 뜻을 이루기 위해선 고통을 감내해야 하고, 그 고통을 감내한 자는 끝내 그 뜻을 이루게 되는 것이다.

우리는 때로 열정을 발휘할 때 고통스러운 감정을 마주하는데, 이 순간을 매우 낯설게 느낀다. '이게 아닌가?', '왜 즐겁지가 않지?', '왜 괴롭지?'라는 생각의 함정에 빠져 힘들게 달궈 놓은 열정을 잃고 만다. '이건 열정이 아니야'라는 무언의 압박을 스스로에게 가한다. 열정은 화려하고 달달하고 카페인 듬뿍 들어간 스포츠 음료처럼 내내 다이내믹해야 한다고 기대했기 때문이다. 이는 위기 속 기회를 보지 못하고, 기회 속 위기를 감지하지 못하는 어리석음과 같다.

묵묵히 해나가는 힘과 의지

해야 하는 일을 하는 사람과 하고 싶은 일을 하는 사람 중 누가 더 열정적일까? 후자라고 생각할 것이다. 나는 반론을 제기한다. 하고 싶은 일을 하는 사람의 열정은 화염과 같아서 이내 사그라들 가능성이 높다. 행여나 하고 싶은 일을 해나가는 와중에 해야 하는 일을 마주하게 되면 쉽게 포기할 수도 있다. 반대로 해야 하는 일을 묵묵히 해가며 마침내 하고 싶은 일을 이루어내는 사람들이 있다. 해야 하는 일이 하고 싶은 일의 자양분이 되어가는 그 과정을 오롯이 견디는 것이다. 견딤은 고통을 수반한다. 이러한 사람의 뜨거움은 한 번에 타오르는 불꽃이 아니라 꺼지지 않는 불씨와 같다. 묵묵히 해나가는 일과 태도에는 힘과 의지가 있다. 이 힘과 의지가 열정이 아닐까 싶다.

나는 이제 열정을 말할 때 고통을 함께 떠올린다. 무언가를 이루기 위해 열정 온도를 높이기로 했다면, 나는 기꺼이 그 고통을 감내하기로 한다. 견디기의 고통, 내 능력치 이상의 것을 끄집어내야 하는 용기, 불확실 속에서도 앞으로 나아가야 하는 스스로에 대한 믿음과 신념. 어느 결과를 마주하기 전까지 그 모든 다짐과 과정은 말 그대로 고통이다. 그러나 열정과 고통은 함께 온다는 사실과 가치를 떠올린다면, 그 고통은 꽤 참을 만한 것으로 바뀐다. 고통이 커질수록 내가 이루어낼 가치는 더 커질 것이라는 기대와 고통의 연속이 한순간만 타오르는 화염을 꺼지지 않는 불씨로 만들어줄 것이란 믿음과 함께 말이다.

미지근함의
미학

많은 사람들이 미지근함을 얕본다. 뜨뜻미지근하다는 표현이 그리 긍정적이지 않은 상황에서 쓰인다는 것이 그 증거다. "사람이 왜 그리 뜨뜻미지근해?" 누군가에게서 이런 말을 들으면 왠지 기분이 찜찜하고 불쾌할 것이다. 그러나 미지근함에는 미학이 숨어 있다. 함부로 얕볼 게 아니다.

미지근함은 뜨거움과 차가움, 그리고 차가움과 뜨거

움을 자유자재로 오갈 수 있는 능력이다. 뜨뜻미지근해서 이도 저도 아닌 상태가 아니라, 냉정과 열정의 균형을 이루어 마침내 우리에게 기분 좋은 최적의 온도와 상태가 된 것을 말하는 것이다.

합리적인 열정 찾기

합리적인 열정이란 말이 꽤나 낯설다. 합리는 차가운 단어이고, 열정은 뜨거움이 느껴지는 표현이기 때문이다. 즉, 이 둘은 상충한다. 그러나 미지근함의 미학으로 그 표현을 바라보면 의미가 달라진다. 그 문장 자체가 균형을 이루고 있다고 봐도 무방하다. 우리는 살아가면서 차가워야 할 때가 있고, 뜨거워야 할 때가 있다. 그럼에도 열정은 뜨겁기만을 바란다. 폭주해도 좋으니 열정을 가지고 앞으로 나아가야 한다고 말한다. 그 결과는 모두 잘 알 것이다. 모든 걸 태우고 나면 재가 된다. 그것은 숙명이다. 슬럼프

나 번아웃은 검게 타버린 우리 열정과 마음의 재다.

식어버린 재는 초라하다. 그것을 뭉쳐 숯으로도 사용할 수 없다. 바람에 흩날리고, 여기저기에 버려질 뿐 더이상의 쓰임은 없다. 열정은 타올라야 한다는 맹신을 버리지 못하면, 우리는 그 재에 불을 붙이려는 어리석음을 내어 보이고 만다. 살아나지 않을 재에 불을 붙이려는 시도는 잠시 내려놓고, 말 그대로 쿨다운을 해야 한다. 잠시 차가워진다고 삶이 끝나지 않는다. 잠시 식어도 괜찮다는 시야와 다짐 그리고 다시 열정이라는 불을 붙이려면 식어버린 재가 아니라 다른 땔감을 가져와야 한다는 깨달음이 바로 합리다. 너무 과한 열정은 독이 된다. 반대로 너무 과한 냉정도 독이다. 뜨거움이 과하면 화상을 입고, 차가움이 지나치면 몸을 움츠린다. 미지근함의 미학을 지향해야 하는 이유다. 미지근함은 합리와 균형 모두를 뜻한다.

합리적인 열정은 균형이 잡힌 상태를 말한다. 균형은 찰나다. 그렇기에 합리적인 열정을 구사할 기회는 그리

많지 않다. 그럼에도 우리는 균형이라는 이상을 추구해야 한다. 이상은 이루어지기 쉽지 않지만, 순간적으로는 이루어지기 때문이다. 그렇게 균형을 맞추기 위해 양쪽으로 오가는 그것은 운동 에너지가 되고, 그 에너지를 잘 활용하면 우리는 자신도 모르는 사이 많은 것들을 이루어낼 수 있게 된다.

균형 잡기에 도움이 되는 글쓰기

뜨거울 땐 내가 뜨거운 줄 모르고, 차가울 땐 차가운 줄 모른다. 사람은 자기객관화를 해야 한다. 메타인지를 할 때 비로소 나의 온도를 눈치챈다. 과하게 뜨거운지, 과하게 식었는지를 알면 움직여야 하는 당위성이 생기고 무언가를 바로잡기 위해 행동한다. 즉, 균형 잡기에 나서는 것이다. 자신을 객관화하고, 한쪽으로 쏠린 균형을 잡는 가장 좋은 방법은 글쓰기다. 내가 남긴 글에는 나라는 사람이 흥건하다. 내 안에서 나온 글을 읽는 행위 자체가 자기 객관화의 시작이다. 생각과 마음은 꺼내어 볼 수 없으나, 그것들을 담은 내 글은 분명한 실체가 된다. 실체는 증거다. 내가 여기에 있다는 증거이고, 내가 무언가를 생각하고 느꼈다는 표상이다.

막연하게 바라던 것들도 글로 써 내려가면 이루어진다. 나를 객관화하고, 내 상태를 이해하여 균형을 잡으려 노력하다 보면, 이루어지기 힘들다 여겼던 일들도 이루어질 것이다. 결심하게 하고, 움직이게 하고, 마침내 무언가를 이루어내는 힘은 글쓰기로부터 온다고 해도 과언이 아니다. 글쓰기는 합리적인 열정이다. 한 번 확 타오르는 일회성 열정이 되지 않도록, 불붙지 않는 재에 불을 붙이려는 어리석음에 빠지지 않도록. 글쓰기는 우리 자신을 돌아보라고 종용하고, 기어이 나 자신을 마주하게 한다.

생산자의 태도

▸ 열정의 온도가 무조건 뜨거운 게 아니란 걸 안다. 체온과 같이 항상성을 유지하는 열정이 더 큰 힘을 발휘함을 아는 것이다.

▸ 열정과 고통은 함께 온다는 것을 잘 안다. 고통이 있으면 그것은 열정이 아니라는 착각에서 벗어나, 오늘도 묵묵히 그리고 꾸준히 그 고통(고통 = '시간'과 '정성')을 감내한다.

▸ 생산자는 합리적인 열정을 지향한다. 미지근함과 중용의 미학을 깨닫고 나면 열정의 균형점을 찾을 수 있게 된다.

6장

욕구 · 욕망
: 제대로 이해할 때
강력해지는 무한 에너지

욕망이라는
이름의 전차

"욕망이라는 이름의 전차를 타야 하는데요. 그런 다음 묘지란

전차로 갈아타야 하고… 여섯 정거장을 가면 엘리시안 필즈라던

데요."

미국의 유명 극작가 테네시 윌리엄스가 쓴 희곡을 바탕
으로 한 동명의 영화 〈욕망이라는 이름의 전차〉의 주인공
블랑쉬의 첫 대사다. 영화 제목이 강렬해서일까, 나는 '욕

망'이란 말을 들으면 이 영화 제목부터 떠오른다. 영화의 결말은 파국이다. 욕망에 사로잡혀 채워지지 않는 욕구에 몰두하던 등장인물들은 저마다의 불행을 안고 영화는 막을 내린다. 영화의 결말은 첫 대사에 이미 복선으로 깔려 있었다. 욕망이란 이름의 전차를 타고, 그다음 갈아타야 하는 역 이름이 바로 묘지였으니 말이다. 그렇다면 과연 욕망은 부정적이기만 한 걸까? 욕망이란 말 자체에 나쁜 뜻이 있는 건 아니다. 어감은 다소 부정적일지 몰라도, 한자 뜻 그대로를 해석하면 하고자 하는 것을 바란다는 의미다. 사람은 기본적으로 욕구가 있다. 이 또한 하고자 하는 것을 구한다라는 의미로 큰 차이점은 없어 보인다. 그러나 영어로 그 둘을 살펴보면 차이가 보인다. Needs는 통상 욕구로, Desire는 욕망으로 번역한다. 위에서 언급한 영화의 원 제목도 〈A Streetcar Named Desire〉다.

욕구는 생리적인 충동이라 할 수 있는데, 이는 그 누구도 마다할 수 없다. 수면욕과 식욕이 좋은 예다. 이건

6장 욕구·욕망: 제대로 이해할 때 강력해지는 무한 에너지

참을 수 있고 없고의 문제가 아니라 생존을 위해서라면 반드시 해결해야 하는 것이다. 이에 비하면 욕망은 생겨난 욕구를 이루기 위한 마음이라고 설명할 수 있다. 예를 들어 식욕이라는 욕구가 생겨났다면, 이것을 바라는 욕망은 밥과 고기 같은 음식 이미지를 머리와 마음에 떠올리고, 실제로 그것들을 추구하려 행동하게 한다. 영화 제목을 따라 비유해보자면, 욕구라는 레일이 깔리면 욕망이라는 전차는 그 레일을 따라 힘차게 앞으로 나아가는 것이다.

욕구가 생기는 건 잘못이 아니다. 식욕도, 수면욕도, 성욕도, 배변욕도 그리고 자아실현의 욕구도 사람이라면 어쩔 수 없이 받아들여야 하는 것들이다. 그러나 그 욕구를 어떻게 현실화시키느냐는 욕망이라는 전차를 어떻게 운전해 가느냐에 따라 천차만별의 결과를 내게 된다.

우리는 모두 각자의 욕망이라는 전차를 운전하고 있다. 우리가 지난날 해온 모든 행동과 선택들은 우리에게 생겨난 욕구나 욕망의 부족분을 채우려 하거나, 그것을 넘어서서 더 가지려 했던 마음의 결과다.

내 삶의 원동력 찾기

미국의 시인인 스탠리 쿠니츠는 '삶의 원동력은 무엇일까? 첫째도 욕망, 둘째도 욕망, 셋째도 욕망이다'라고 말했다. 나는 그의 말에 백 번 동의한다. 우리네 사회는 개인의 욕구와 욕망을 억압하고 드러내는 걸 터부시해왔지만, 결국 그 욕구와 욕망들은 모든 시스템을 뚫고 나왔다. 이제는 자신의 욕구와 욕망을 스스럼없이 요구하는 시대가 되었다. 이를 알아챈 여러 기업들은 이미 개개인의 욕구와 욕망을 타깃한 마케팅을 활발하게 펼치고 있다. 내 의도와 상관없이 어떤 물건이나 서비스를 샀다면, 내 마음속에 어떤 바람이 있는지를 살펴봐야 하는 이유다. 각자의 욕구와 욕망을 추구하고 실현하기 위해 사람들은 살아간다. 저마다의 레일과 그 위를 오가는 전차는 서로 교차하거나 충돌한다. 사회에서, 직장에서, 가정에서 타인 또는 가족과의 갈등이 생겨나는 이유도 각자의 욕구와 욕망이 충돌하기 때문이다. 이처럼 욕구와 욕망은 우리를 움직이게 하는 원동력이자 갈등의 씨앗이기도 하다.

오스트리아 정신의학자인 알프레드 아들러는 개인심리학을 주창했다. 그는 개인은 나누어질 수 없는 전체로서 사회 내에서 자신이 설정한 목표를 달성하기 위해 끊임없이 노력한다고 말한다. 여기에서 우리가 주목할 부분은 자신이 설정한 목표다. 아들러는 이 목표를 수립하는 근원을 열등감으로 풀이한다. 인간은 열등감을 극복하여 자기완성을 이뤄야 한다고 강조하고, 결핍을 채워가며 성장하고 열등감을 극복해야 한다고 역설한다.

그렇다면 열등감은 왜 생기는 걸까? 사람은 우월하고자 하는 욕구가 있기 때문이다. 이것을 바탕으로 자아실현을 하고자 하는 욕망이 각각의 나누어질 수 없는 전체로 움직이며 무언가를 해내고 있는 것이다.

오늘 나는 무엇을 해냈을까? 아니면 이루지 못해 패배감을 느끼고 있을까? 어쩌면 완성 여부를 떠나 삶의 중요한 것을 놓치고 있는 건 아닐까? 무언가를 이뤘지만 마음이 공허하거나 나를 위한 일이 아닌 것을 해내고 있는 걸까? 이런 사실을 깨달으면서 괴로워하고 있는 건 아닐까?

가장 중요한 건 나를 들여다보는 일이다. 더불어 그 안에 있는 나의 욕구와 욕망을 세심히 살펴야 한다. 충동적인 마음으로 치부될 수 있는 것들의 이야기를 잘 듣고, 내 마음과 대화하면서 진정으로 내가 바라는 것은 무엇인지, 그리고 그것을 어떻게 이루고 싶은지에 대해 나눠야 한다.

지금 나는 어떤 레일을 깔고 있는가? 지금 나는 어느 방향으로 전차를 운전해 가고 있는가? 욕망이라는 전차의 다음 역은 과연 어디일까? 끊임없이 나에게 묻고 또 물어야 한다. 묘지는 종착역이 되어야지, 바로 다음 역이 되면 안 되니까.

욕구와 동기가
이끄는 삶

24시간을 관찰자 입장에서 자신을 바라본 적이 있는가? 주관적이라 하더라도 내가 하는 모든 행동에 대해 왜 그랬는지를 정확하게 설명할 수가 있을까? 아마 우리는 내 행동보다 다른 사람의 행동을 더 눈여겨볼지도 모르겠다. 다른 사람의 행동을 평가하며 곱씹어대기 일쑤다. 물론 다른 사람의 행동 관찰도 부분적인데, 우리는 그 작은 사실들에 근거하여 타인을 판단하고 평가하고 심지어 결론까지 내기에 이른다. 앞서 나 자신을 돌아보는 질문으로 돌아가보면, 우리는 자신의 행동도 이유를 설명하지 못한다. '내가 왜 그랬을까?', '왜 그걸 해내지 못했을까?'라는 후회는 자신의 행동이나 판단을 완벽하게 설명하지 못하는 결과이자 부산물이다. 그러고 보면 사람은 참 재밌는 존재다. 스스로의 행동조차 그 이유를 알 수 없으니 말이다.

욕구를 (행동을 유발하는 주요 원인의 뜻을 지닌) 동기로 대체해도 무방하지만, 두 단어의 뜻이 완전히 같진 않다. 욕구와 동기는 사전적 의미를 살펴보자.

- **욕구**^{Needs} **: 무엇을 얻고자 하거나 무슨 일을 하고자 하는 바람**
- **동기**^{Motivation} **: 어떤 일이나 행동을 일으키게 하거나 마음을 먹게 하는 원인이나 계기**

욕구는 좀 더 1차적인 것이고, 욕구와 뒤섞여 동기가 발생한다고 볼 수 있다. 욕구는 결핍 상태를 말하고, 동기는 결핍을 채우려는 내면의 추진력이기 때문이다.

미국의 심리학자 톨만도 '동기화는 욕구 증진의 내적 상태를 일으킨다'라고 정의했다. 그리고 욕구는 인간의 동기에 영향을 미치지만, 그것이 동기를 결정짓는 유일한 요소는 아니라고 봤다. 즉, 동기는 욕구뿐만 아니라 환경의 영향도 받는다는 것이다. 보상과 압력이 좋은 예다. 신입사원의 경우 정시에 퇴근하고픈 욕구가 있지만, 상사가 보상이나 압력을 행사하면 욕구를 반하고 야근을 하게 된다. 행동(야근)의 이면에는 상사에게 점수를 따는 등의 보상을 바라거나 그냥 퇴근해버리면 안 좋을 거라는 압력이 영향을 미친 것이다. 물론 욕구를 충실히 따라 집에 가버리는 사람도 있겠지만, 이 경우에는 욕구가 강력한 동기가 되거나 피치 못할 사정의 환경적 요인이 작용했을 것이다.

무의식의 힘

우리는 모든 행동을 합리적으로 설명할 수 없다. 이는 우리가 무의식적으로 행동을 하고 있다는 증거다. 설명할 수 없는 것들을 무의식에 대입하면 많은 의문들이 풀린다. 무의식을 완전히 눈에 보이게 증명하거나 규명하지는 못했지만, 그렇다고 반박하거나 무시할 수 있는 수준은 결코 아니다. 프로이트와 융, 그리고 그의 수많은 제자들은 이미 무의식을 실체로 받아들이고, 무의식의 실존을 주장하고 있다. 안 보이지만 누구나 그 존재를 인정하는 마음처럼 말이다.

그런데 사람은 동기만으로 행동하지 못하는 경우도 있다. 반드시 동기를 충족시켜주는 목표나 대상이 있어야 한다. 예를 들어 배가 고파 무언가를 먹고 싶다는 본능적 욕구가 발생하여 동기화해도 음식이 없으면 먹는 행위를 할 수 없다.

먹을 것이 없어 손톱을 물어뜯거나 히스테리를 부리는 사람을 보면, 우리는 '이 사람이 정말 배고프구나'를 알 수 있다. 이러한 깊은 관찰과 이해가 없으면 그저 '저 사람 왜 저래?'라고 치부할 것이다. 이런 일은 쉽게 겪는다. 아마도 배가 고파서 짜증을 낸 경우가 한두 번은 있을 것이다. 이렇듯 욕구나 동기가 발생했을 때 그 대상이 없거나 원하는 대로 행동하지 못하는 상태를 욕구불만이라 하는데, 이는 사람들의 히스테릭한 행동을 잘 이해시켜주는 중요한 개념이다.

네 가지 욕구와 동기

우리는 욕구와 동기에 의해 행동하며 살아가고 있다. 이에 대한 많은 이론들이 있지만 가장 잘 알려진 이론을 정리해보면 다음과 같다.

- 생물적 욕구·동기(매슬로우 이론): 사람은 살아가는 존재다. 생존과 종족 보존, 번식을 위해 필요한 기본적인 욕구(잠자기, 먹기, 생리적 행동, 성행위 등)가 발생한다. 우리 삶의 대부분을 차지한다.

- 사회적 욕구·동기(매슬로우 이론): 사회적으로 인정받고 싶은 욕구다. 각 나라나 지역에서는 다른 모습으로 나타날 수 있지만, 인정받고 싶어 하는 방향성에 대해서는 공통점을 갖는다. 직장에서 멋진 성과를 내고 싶다거나 남들이 말하는 좋은 학교, 직장에 취직하고 싶은 것들이 그 예다.

- 내재적 욕구·동기(디시Deci 이론): 마음에서 우러나 행동하는 동기를 말한다. 밖으로 나가 뛰거나 운동을 하고 싶다거나, 자전거를 타는 등의 행동 그 자체가 동기다.

• 외재적 욕구·동기(디시 이론): 외부로부터 보상이나 압력을 받는 경우다. 어렸을 때 심부름 했던 것, 상사의 지시를 받아 야근이나 프로젝트를 맡게 되는 경우가 이에 해당한다.

우리는 어떤 행위를 할 때마다 이유를 찾지 않는다. 하지만 모든 행동에는 욕구나 동기, 욕구불만 등이 계산하지 못할 정도로 작용한다. 욕구나 동기가 뒤죽박죽 복합적으로 발현되기도 한다. 예를 들어 인기 많은 이성과 데이트를 한다고 생각해보자. 함께 식사를 할 경우, 배고픈 생물학적 욕구는 물론 마음이 시키는 대로 하는 내재적 욕구와 인기 많은 사람을 쟁취했다는 타인에게 인정받고 싶은 마음이 섞여 있을 수 있다. 이처럼 욕구와 동기는 우리를 행동하게 한다. 그리고 행동은 동기와 목표(욕구충족)의 연결자 역할을 하며, 이 행동을 통해 사람들의 심리를 가늠해볼 수 있다.

욕구를 통해 동기가 발생해도 그 대상이 없으면 욕구 불만에 빠지게 된다. 언제 어떤 욕구가 생겨났고, 그로 인해 얼마만큼의 동기가 발생했는지를 살펴보는 게 중요하다. 또한 욕구불만은 어떻게 풀어냈고, 그 과정이 소비적이었는지 생산적이었는지도 알아본다. 이를 위해서는 내 마음을 한 번 더 들여다보고 이해하는 과정이 필요하다.

내가 한 행동들이나 하고 싶은 일이었으나 하지 못한 실천들. 그 안에는 말로 설명할 수 없는 다양한 변수들이 존재한다. 합리적이고 이성적으로 모든 것을 설명할 수 없다. 그렇다고 그냥 덮어두어서는 안 된다. 더 깊이 내 마음속으로 들어가 욕구와 동기를 기어이 발견해내야 한다. 다른 변수는 어찌할 수 없다 치더라도 내가 무엇을 원하는지 알아야 한다. 내가 뭘 원하는지, 그것을 왜 추구하는지도 모른 채 살아가는 날은 하루라도 줄이는 게 좋다.

매슬로우의 욕구는
거꾸로 흐른다

"하나의 욕구가 충족되면 위계상 다음 단계에 있는 다른 욕구가 나타나서 그 충족을 요구하는 식으로 체계를 이룬다. 가장 먼저 요구되는 욕구는 다음 단계에서 달성하려는 욕구보다 강하고 그 욕구가 만족되었을 때만 다음 단계의 욕구로 전이된다."

매슬로우의 욕구 단계 이론에 대한 설명이다. 총 5단계로 이루어져 있는 매슬로우의 욕구 단계는 생리적 욕구, 안전 욕구, 소속 및 애정 욕구, 존중 욕구, 자아실현 욕구 순이다. 이 이론에 대한 반론도 분명 존재한다. 과연 모든 사람들에게 욕구가 다섯 가지 계층의 형태로 나타나는지, 실증적이기보단 임의적인 이론을 바탕으로 한 것은 아닌지, 욕구가 충족되었더라도 그것이 동기유발 유인으로서의 역할을 완전하게 상실하게 하는 것인지, 하위 욕구가 충족되어야만 상위 욕구로 가는 것에 대한 예외는 어떻게 설명할 것인지 등 다양한 반론이 있다. 한 극명한 예로 자아실현을 위해 단식을 하는 사람은 제1단계의 생리적 욕구를 거부하면서 5단계의 자아실현을 추구하고 있다. 매슬로우의 이론으로는 이 경우를 설명할 수 없다. 배고픔을 해결하지 않은 존재는 자아실현을 추구할 수 없기 때문이다. 이를 의식해서인지 1972년 미국의 심리학자 클레이턴 알더퍼가 매슬로우 욕구 이론을 보완한 ERG 이론을 내놓는다.

E[Existence Needs]는 생존 욕구, R[Relatedness Needs]은 관계 욕

구, G^{Growth Needs}는 성장 욕구를 나타내는 EGR이론은 현장 연구를 수행하여 실증적이란 타이틀을 강화하였다. 매슬로우 욕구 이론과는 다음과 같은 차별성을 내세웠다.

- 욕구 단계 이론에서는 충족된 욕구는 더 이상 동기 요인이 될 수 없다고 했으나, ERG이론에서는 어느 단계의 욕구가 충족되지 않으면 하위 단계 욕구로 퇴행할 수 있다.

- 욕구 단계 이론에서는 가장 결핍되어 있는 한 가지 욕구만이 일어난다고 하였으나, ERG이론에서는 두 가지 이상의 욕구가 동시에 나타나 하나의 행동을 일으킬 수도 있다고 했다.

- 욕구 단계는 하위 단계의 욕구가 충족되지 않으면 상위 단계로 이동할 수 없다고 하였으나, ERG이론에서는 하위 단계 욕구가 충족되지 않아도 상위 단계 욕구가 발생할 수 있다고 보았다.

- 욕구 단계 이론과는 달리, ERG이론은 질문지법이나 면접법을 통해 실증할 수 있다.

이 둘의 이론을 잘 버무려 이해하면 욕구는 무엇인지, 어느 방향으로 진행되는지를 어느 정도 이해할 수 있게 된다.

마음과 행동을 간파할 수 있는 욕구

욕구를 규명하는 건 우리의 마음과 행동을 살펴보는 데 매우 중요하다. 내가 왜 이 행동을 했는지, 반대로 왜 하고 싶은 행동을 못하고 있는지를 밝혀낼 중요한 단서이기 때문이다. 한마디로 동기를 일으키는 중요한 매개체가 바로 욕구임을 알 수 있다.

쉽게 생각해보자. 시간을 내어 독서를 하거나 공부를 하는 이유는 자아실현을 위한 욕구가 있어서다. 건강한 몸을 만들기 위해 다이어트를 하는 것은 내 만족도 있지만 타인의 인정을 받기 위한 존중 욕구도 포함된다. 그러나 다이어트를 끝내 포기하는 것 또한 아는 맛에 넘어가고 마는 생리적 욕구의 발현이기도 하다. 이처럼 욕구는 복합적으로 일어나고, 상위·하위를 가리지 않고 넘나든다. 그렇다면 우리는 욕구를 이론으로 실체화하고, 그 이론을 바탕으로 내 마음에 대입시켜야 한다. 이론에 국한되지 않기 위해서는 이 과정이 반드시 필요하다. 그래야만 스스로 발견하지 못한 욕구를 찾아 실체화할 수 있다. 또한 가장 중요한 욕구의 흐름을 가늠할 수 있다. 우리는 욕구의 흐름에 따라 생각하고 행동하며 살고 있기 때문에 이는 매우 중요하다.

욕구 흐름의 변화

이러한 관점으로 나와 시대의 욕구를 돌아보니 재밌는 사실을 발견했다. 욕구 단계 이론을 다시 한 번 더 흔드는 욕구의 흐름을 찾은 것이다. 하위 욕구가 상위 욕구를 위협하는 구조에서, 이제는 상위 욕구가 하위 욕구를 위협하는 흐름을 발견했다. 예를 들어 예전엔 '배가 고픈데 자아실현이 무슨 의미가 있어?'라고 했는데, 지금은 '재미가 없는데 살아서 뭐해?'로 그 방향이 바뀌었다. 아래 그림을 보면 좀 더 이해가 쉬울 것이다.

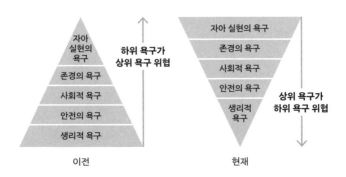

욕구 단계 이론의 욕구 흐름 다시 보기

이는 시대 변화와 관계가 있다. 배고프던 시대와 풍족한 시대의 욕구 흐름이 확연하게 바뀌었기 때문이다. 한 후배가 했던 말이 생생히 기억난다. "저는 돈보다는 재밌는 일을 원해요. 지금 하는 일은 재밌어서 하는 거지, 재미없으면 관두고 다른 거 할 거예요!"라고 했는데, 먹고 살기 위해 일을 택하던 세대인 내게는 그 말이 일대의 혁명과도 같았다. 더 이상 배고픔이 두렵지 않으니 할 수 있는 말일 것이다. '설마 요즘 시대에 굶어 죽겠어?' 정서가 확고함을 알 수 있다.

생존에 대한 욕구도 급격히 바뀌었다. 예전엔 맹수와 전쟁으로부터의 생존이었다면, 이제는 경제적인 생존이 우선이다. 굶어 죽지 않기 위해서 돈을 벌기도 하지만, 남보다 잘 살고 남보다 있어 보여야 한다는 비교를 바탕으로 한 심리적 생존이 먼저다.

욕구의 흐름을 알아야 하는 이유

세상이 코인이나 주식으로 돈을 벌었다고 들썩일 때, 부동산으로 수억을 벌었다는 이야기를 들었을 때, 누군가 스마트 스토어로 월급 이상의 돈을 번다는 말을 들었을 때, 우리는 코인이나 주식을 해볼까? 이제라도 부동산이나 스마트 스토어를 해볼까? 하는 조급함이 생긴다. 이때는 성급하게 행동하기보다는 내가 바라는 것이 무엇인지를 규명하는 것에 집중해야 한다.

욕구는 곧 동기가 된다. 동기는 행동을 만들어낸다. 즉, 행동의 원인은 욕구로부터다. 욕구를 파악하고, 욕구가 어떻게 동기로 변환되어 행동을 만들어내는지 그 에너지의 변화 과정을 관찰하고 느껴야 한다. 내 욕구가 위에서 아래로 흐르는지, 아래에서 위로 흐르는지, 정체되어 있는지, 여러 개가 동시에 방향을 가리지 않고 움직이고 있는지를 말이다. 시시때때로 내 마음을 주시해야만 내 것이 아닌 욕구에 휘둘리지 않을 수 있다.

누구나 부자가 되길 원하고 유명해지길 바라지만, 정작 부자가 되고 유명해졌을 때 오는 마음의 헛헛함을 아는 이는 많지 않다. 이는 내 욕구와 욕구의 방향이 어디로 흐르는지를 살피지 못한 결과다. 내 욕구의 실체와 그 흐름을 아는 일은 무언가를 이루어가는 데 큰 원동력이 된다. 또한 그것을 해내고 난 뒤에 따르는 결과와 열매를 만끽할 수 있다.

욕구는 밖이 아닌 나에게로부터 나와야 한다. 자본주의와 물질 우선 시대는 내 욕구가 아닌 타인의 욕구가 주입되기 딱 좋다. 내가 뭘 좋아하고 바라는지 모르면 세상의 욕구에 편승할 수밖에 없다. 편승된 욕구는 내 의지와 삶과는 다른 곳으로 흘러간다. 그 끝은 말하지 않아도 알 것이다. 나에게 안 좋은 결말일 것임을.

‣ 내 안에 어떤 욕구가 있고, 그것이 어떤 욕망으로 발현되는지를 살핀다.

‣ 욕구와 욕망을 규명하여 그것을 동기의 원동력으로 삼을 줄 안다.

‣ 욕구의 흐름을 파악하여 시대의 욕구에 편승하지 않는다. 편승된 욕구는 자아의 의지와는 다른 곳으로 간다는 것을 알고 있다.

7장

감정
: 객관화했을 때
더 빛나는 에너지

감정이라는
풍경

높은 곳에 올라 도심을 바라본 적이 있다. 전쟁터와 같은 그곳이 매우 평화로워 보였다. 나를 가두고 있는 회색빛 빌딩과 사무실은 잘 정렬된 성냥갑처럼 보였고, 분노를 유발하는 교통 체증은 작고 귀여운 장난감 자동차들의 행렬 그 이상도 이하도 아니었다. 이 세상에 사람이라는 존재가 있는 걸까, 라는 생각이 들 정도로 사람들의 흔적은 보이지 않았다. 갑자기 허탈하면서도 여유로움이 느껴졌다. 나는 왜 그리 아등바등 살아왔을까? 좀 더 여유롭게 살 순 없었던 걸까? 나는 왜 그 사람을 좋아하고, 또 그 사람을 미워했을까? 그때 그 사람에게 왜 그랬을까? 좀 더 배려 있는 마음을 가졌어도 되는 거 아닌가? 그저 한 번 웃고 넘길 일을 나는 왜 그리 일을 크게 키웠을까? 인생 뭐 있어 하는 생각과 함께 다시 한 번 더 포용하는 마음을 가지고 살자는 마음이 스멀스멀 올라오며, 새로운 삶을 살자는 다짐을 했다. 그러나 하산(?)을 한 후, 다시금 전쟁터의 병사가 되는 데에는 채 얼마의 시간이 걸리지 않았다. 나는 다시 사랑하고, 분노하고, 기뻐하고, 좌절하며 삶의 풍파에 녹아들었다. 다시금 감정의 소용돌이에 휘말리게 된 것이다. 휘말린 삶은 고요할 수 없다. 이리저리 흔들리고 부딪치며 '오늘을 버티자'라고 외친 후 잠자리에 드는 날이 반복되었다.

풍경에는 여유, 근경에는 소란

인생은 멀리서 보면 희극, 가까이서 보면 비극이란 말이 있듯 풍경엔 여유가 있고, 근경에는 소란이 있다. 우리는 대개 남의 삶은 쉽게 평가하고 부러워한다. 다른 사람의 인생은 잘 풀리는 것 같고, 내 인생만 꼬이는 듯한 느낌이 자신을 엄습한다. 이처럼 남의 삶이 흥미롭고 여유 있어 보이는 이유는 그들의 삶은 내게 있어 풍경이기 때문이다. 반대로 나에게 있어 내 삶은 근경이다. 멀리서 보면 보이지 않을 것들이 세세하게, 그리고 덕지덕지 보인다. 지금 당장 내 주변의 사물들을 보자. 보이지 않던 먼지가 보이고, 의식하지 못했던 흠집이 발견된다. 자세히 보아야 아름답다는 말도 있지만, 자세히 봤을 때 실망하게 되는 것들도 꽤 많다.

그러나 근경이 없으면 풍경도 없다. 내 삶도 타인에게는 풍경이 된다. 풍경이 여유로운 이유는 아마도 내가 개입되지 않아서일 것이다. 한마디로 나와는 상관없는 일들이다. 그러니 객관적으로, 여유를 가지고 바라볼 수 있는 시야가 생긴다. 근경이 소란한 이유는 당연하다. 내 주위에서 일어나는 일이기 때문이다. 즉, 내가 깊숙이 개입되어 있기 때문이다. 여기서 한 단계 더 들어가, 내 주위에서 일어나는 일이 아니라 내 안에서 일어나는 일에 주목할 필요가 있다. 주위가 아닌 내 속에서 일어나는 일이므로 그 소란과 요동은 세상의 그 무엇과도 비교할 수 없다.

감정에 대하여

내 안에서의 커다란 소란과 요동은 감정이며, 내 삶 속 근경의 최고봉 역시 감정이다. 삶이 소란한 이유도 인생이 들뜨거나 무겁게 가라앉는 이유도 감정 때문이다. 나라는 우주는 감정에 따라 수축과 팽창을 반복한다. 내 우주가 수축할 때 내 존재는 쪼그라들고, 내 우주가 팽창할 때 삶은 자신만만하다. 감정이란 건 내 온몸 안에 울려퍼지는 무엇이다. 세포 하나하나에까지 미치는 그 영향은 끝이 없으므로, 감정의 흐름과 그 연속이 곧 우리 삶 그 자체라 할 수 있다.

영국의 시인이자 평론가인 사무엘 존슨은 '외적인 영향에 좌우되고 싶지 않다면 먼저 자기 자신의 격렬한 감정부터 초월해야 한다'라고 말했다. 나는 이 말에 동의한다. 그러나 초월이라는 단어에는 주의해야 할 필요가 있다. 초월은 경험이나 인식의 범위를 벗어나 그 바깥 또는 그 위에 위치하는 일을 말하는데, 범위를 벗어난다는 의미가 '나는 그것과 상관없다'라고 해석되어서는 안 된다. 초월은 내 경험과 인식을 가지고 다른 각도에서 나를 객관적으로 바라봄을 뜻한다는 것을 명심해야 한다.

우리는 마음의 등산을 해야 한다. 높은 곳에 올라 근경을 벗어날 줄 알아야 한다. 풍경을 보려 노력해야 한다.

감정이 풍경이 될 때, 우리는 감정에서 한 걸음 떨어져 자극과 반응 사이에 존재할 수 있다. 자극에 자동적으로 반응하게 되면, 우리 삶이 얼마나 팔랑이는지를 많은 경험을 통해 알고 있을 것이다. 이제는 감정에 요동하기보다는 감정의 의미를 알아채자. 그것이 진정한 의미에서의 초월이다.

우리는 흔히 어떤 일을 시작할 때 '마음을 먹는다'라는 표현을 한다. 이는 다짐을 뜻하는데, 다짐은 일종의 감정이다. 먹는다란 표현은 감정이 어디 가지 못하게 내 안으로 내재화하겠다는 강력한 시도다. 결국 내재화하겠다란 말은 그것을 잘 다스리고 활용하겠다는 의미다. 그러나 감정은 내가 어찌할 수 있는 게 아니다. 감정을 다스릴 수 있다는 건 착각이다. 감정이 근경이 되는 순간 감정은 다스릴 수 없다. 이성으로도 제어가 안 된다. 다만 우리는 감정을 근경과 풍경으로 오가며 오롯이 그것을 받아들이

고, 때로는 그것의 의미를 여유롭게 바라볼 수 있다. 그러
할 때 우리는 감정에 휘둘리는 게 아니라, 감정과 함께 조
금은 더 원하는 걸 할 수 있게 된다.

불안은 지극히
논리적인 감정

1974년에 개봉한 독일 영화 〈불안은 영혼을 잠식한다〉는 청소부로 일하는 독일 중년 여성 에미와 이민 노동자인 아랍 청년 알리의 이야기다. 두 사람은 사랑에 빠져 동거까지 하지만, 인종과 나이 차이를 불편하게 바라보는 사회의 시선에 시달리다 끝내 헤어진다. 편견으로 점철된 세상의 따가운 시선은 불안이 되었고, 그 불안은 끝내 현실이 된 것이다.

불안은 일어나지 않은 일에 대한 두려움, 만연화된 공포다. 다이어트를 결심한 사람이 가장 무서워하는 음식이 아는 맛인 것처럼 어쩐지 친근한 만연화된 공포는 우리 삶을 기어이 흔들어놓는다. 그러나 불안이 마냥 나쁜 것만은 아니다. 불안은 알 수 없는 일들이 내게 닥쳤을 때 심적으로 대비할 수 있는 여지를 준다. 그렇다면 나는 불안 앞에서 어떤 결정을 내리고 있을까? 지나온 삶을 돌아보니 크게 두 가지 모습의 내가 보였다. 불안 앞에 주저앉는 나와 불안이라는 힘을 이용해 다음으로 나아가는 나.

에미와 알리는 불안 앞에 주저앉았다. 그들의 모습은 마치 불안 앞에 무기력하게 쓰러져 있던 내 모습과 같았다. 이러한 경험은 내게 다시 또 다른 불안이 되어 나를 위축시켰다.

반대로 불안은 앞으로 나아가게 하는 에너지가 되기도 한다. 나는 최진석 교수의 〈장자 철학 강의〉를 듣고 큰 깨달음을 얻었다. '소리는 음표와 음표 사이에 있다'라는 말이었는데, 나는 듣자마자 무릎을 탁 쳤다. 안정되지 않은 음표의 이동이 소리와 음악을 만든다는 사실이 놀랍게 다가왔다. 소리와 음악은 결국 불안에서 불안으로 넘어가는 과정에 있는 것이다. 음표 하나에 머물러 있으면 음악은 나오지 않는다. 불안함을 딛고 앞으로, 다음으로, 높이가 다른 음으로 나아갈 때 음악이 된다. 삶도 마찬가지이다. 불안한 오늘이라도 주저앉지 말고 더 나은 내일을 다짐할 때, 내 삶은 좀 더 나아질 수 있었다.

불안에 영혼을 잠식당할 것인가, 불안을 딛고 다음 음으로 넘어가 멜로디를 만들어낼 것인가. 불안 앞에 주저앉지 않으니 비로소 내게 질문을 던질 수 있게 된다. 불합리한 나를 움직이게 하는 가장 논리적인 감정이 바로 불안인 것이다.

불안은 살아 있다는 증거

지하수를 퍼내기 위해 손잡이를 위아래로 움직여야 하는 펌프질. 물레방아를 돌리는 물의 낙차. 풍력 발전기를 돌리는 고기압과 저기압의 결과물인 바람. 뜨거움과 차가움이 만들어내는 증기기관. 그리고 멜로디를 만들어내는 서로 다른 음표와 음표로의 이동까지.

에너지는 결국 불안정함에서 온다. 지금까지 우리 삶을 움직이게 하고 지탱해준 것은 불안이다. 불안으로 격렬하게 흔들리는 존재는 살아 있다는 증거다. 나는 이 사실을 깨닫고 나서야 '불안 때문에'가 아니라 '불안 덕분에'를 떠올릴 수 있게 되었다. 고인 물은 썩는다. 움직이지 않으면 굳는다. 머물러 있으면 잠식된다. 불안은 나에게 자꾸 움직이라고 말한다. 꾸역꾸역이라도 움직이는 과정에서 삶의 에너지는 솟아난다.

이런 차원에서 불안이 던지는 질문은 꽤 묵직하고 의

미가 있다. 불안은 자꾸만 내게 다음을 묻는다. 삶엔 끝이 없음을 불안은 이미 알고 있는 것이다. 고3 때는 대학만 가면 끝일 줄 알았고, 대학생 땐 취업만 하면 끝일 줄 알 았다. 그러나 돈을 벌고 있는 직장인이 된 우리는 여전히 불안한 나날을 보내고 있다. 제2의 삶에 대한 걱정과 자 녀 교육 그리고 자아실현이라는 가볍지 않은 난제들로 하 루하루가 버겁다.

그럼에도 멈출 수 없는 이유는 불안 때문이다. 불안을 제법 에너지로 삼을 줄 알게 되었다. 등 떠밀리듯 사는 삶 은 어느 정도 불안정함에서 오는 삶의 에너지를 파도 타 듯 즐길 수 있게 되었다. 불안이 알려준 '끝이 없다'는 사 실은 매사에 끝장을 봐야겠다는 조급함을 내려놓게 했다. 대신, 답을 찾기보다는 문제를 발견하는 데 나는 더 주력 했다. 스스로에게 질문하는 것이다.

불안이 내게 던지는 'What is next?'라는 목소리가 생 생하다. 불안은 내게 고여있지 말라고, 굳어있지 말라고,

머물러 있지 말라고 끊임없이 말한다.

이러한 차원에서 무탈하라는 말은 오히려 더 무섭다. 류성룡이 집필한《징비록》에 이런 기록이 있다. 조선은 200년간 지속된 평화 때문에 온 나라 백성이 편안함에 익숙해져 있었고, 전쟁이 날 것이라는 위기감이 없었기에 왜군의 공격에 속수무책이었다는 내용이다. 잦은 고통은 사람을 강하게 만들고, 위기는 고통스럽게만 생각할 게 아니라 기회가 될 수 있다는 것을 징비록은 말하고 있는 것이다.

불안해하지 말아야지, 불안을 없애야지, 라고 생각을 많이 해왔다. 돌이켜보니 이는 무탈하자라는 말과 닮아 있었다. 내가 얼마나 무서운 생각을 해왔는지, 그리고 이러한 생각으로 얼마나 많이 나를 괴롭혀 왔는가. 해내고 싶었던 것을 해내지 못했던 그때를 돌아보니, 불안을 제거하려는 속내가 가득했음을 깨닫는다.

불안을 막연하게 바라볼 때 우리는 그 공포에 압도당한다. 자라 보고 놀란 가슴은 솥뚜껑을 보고도 놀란다. 막연하게 보면 그것은 자라이고, 자세히 보면 그것은 솥뚜껑이다. 불안하여 마음이 안정되지 않을 때는, 그 실체를 들여다봐야 한다. 그 실체 안에는 불안의 본질이 숨어 있으며, 이것은 가만히 있는 나를 일으켜 세우는 에너지가 된다. 이제 나는 불안이 던지는 질문에 꽤 익숙하다. 무엇을 이루고 난 뒤에 오는 허탈함과 불안은 오히려 스스로를 돌아보는 소중한 시간이 된다. 나보다 더 지극히 논리적인 불안이라는 감정을 받아들인 덕분이다.

내면에서
'너는 할 수 없어'라는
말이 들려올 때

빈센트 반 고흐의 삶은 불행 그 자체였다. 살아생전 화가로서 성공하지 못했고, 물감 살 돈이 없어 동생이 보내주는 얼마간의 돈으로 삶을 연명했다. 정신질환을 앓던 그는 한쪽 귀를 잘라 매춘부에게 전하는 기이한 행동을 보이기도 했고, 끝내는 총상을 입고 숨을 거두고 말았다. 그러나 그의 불행은 아이러니하게 그의 작품을 더욱더 빛내고 있다. 모델을 구할 돈이 없어 자화상을 그렸고 해바라기 정물을 두고 여러 장의 그림을 그린 그는, 네덜란드라는 나라 일부를 먹여 살리고 있다고 해도 과언이 아니다. 서양 미술사상 가장 위대한 화가 중 한 사람이라는 칭송이 과연 그의 삶을 다 표현하고 위로할 수 있을까, 라는 의구심이 들기도 한다.

그는 그림에 미쳐 있었다. '나는 내 심장과 영혼을 그림에 쏟아부었고 그러면서 미쳐갔다'라고 스스로 말했을 정도다. 그러한 그도 그리는 행위에 대한 회의감에 빠졌던 적이 있다. 동생 테오와 20여 년간 나눈 1,000여 개의 편지에 이러한 내용이 잘 나타나 있다.

세상 가장 위대한 화가가 확신이 없었다는 말을 어느 누가 믿을 수 있을까? 그의 고백에 놀라며 동시에 나는 숙연함을 느꼈다. 내가 확신하고 있던 것들에 대한 부끄러움과 확신을 가지지 못한 것들에 대한 위로가 함께 몰려왔다. 그럼에도 그는 고개를 들어 별을 봤다. 나는 지금 무엇을 보고 있는가. 그저 확신이 들면 의기양양하다가 확신이 없어지면 의기소침해지는 삶의 지난한 과정에서 나는 고개를 들 생각을 전혀 하지 못했다.

사는 것 자체가 위대하다

위대한 화가의 고뇌는 우리에게 많은 것을 생각하게 한다. 그와 우리 삶을 비교하는 것에 대해 의문을 가지는 사람이 있을지도 모르겠다. 그러나 저마다의 삶은 위대하다. 위대하게 사는 게 중요한 게 아니라, 사는 것 자체가 위대하기 때문이다. 오늘 하루를 살아낸 우리는 위대한 존재다. 위대했던 그도 확신이 없던 평범한 사람에 불과했다. 다만 빈센트 반 고흐의 위대함을 우리가 보다 더 칭송하는 건 그의 꾸준함과 끈기 때문일 것이다. 천부적 재능과 열정 그리고 광기와 같은 그의 그림에 대한 애착도 꾸준함과 끈기가 없었다면, 우리는 그의 작품을 만날 수 없었을 것이다.

　위대함 속에 꾸준함이란 평범한 가치가 있고, 꾸준함
이란 평범한 가치 속에 위대함이 숨어 있다. 나는 빈센트
반 고흐의 삶 자체를 동경하지 않는다. 오히려 연민한다.
그가 생을 마감한 프랑스 작은 시골 마을을 찾아가 실제
숨을 거둔 여인숙과 묘지에 조의를 표하기도 했다.

　나는 그가 단지 세기에 다시없을 위대한 그림만을 남
겼다고 생각하지 않는다. 그는 그림 이상의 것을 남겼다.
불행한 삶 속에서도 묵묵히 그림을 그려나간 꾸준함. 확
신이 없어도 밤하늘의 별을 보며 꿈을 꿨던 끈기. 천부적
재능에 기대지 않고 늘 내면을 탐구해갔던 아름다운 광기
와 열정. 그의 그림과 그가 남긴 말을 보면 삶에 대한 설
렘이 몰려온다. 국가와 언어가 다르고, 미술과 영 친하지
않은 내게도 이러한 영향을 주는 그의 아우라는 아마 전
세계로 뻗쳐 있을 것이다. 그의 그림이 어느 한 나라에 국

한되지 않는 이유이자, 그가 그림 이상의 것을 남겼다는 방증이기도 하다. 마지막으로 귓가에 생생한 그의 다른 말을 떠올려본다.

"내면에서 너는 그림을 그릴 수 없어라는 말이 들리면, 나는 그림을 그리는 데 열중했다. 그러면 곧 그 목소리는 사라졌다."

– 《반 고흐 영혼의 편지》 (빈센트 반 고흐 지음, 위즈덤하우스) 중에서

두려움에 넘어져 허우적거릴 때면 언제나 떠올리는 말이다. 내면에서 자주 들려오는 '너는 할 수 없어'라는 말이 들려오면, '나는 내가 하던 일을 계속해야지'라고 마음을 다잡게 된다. 그러면 그와 마찬가지로 신기하게 그 목소리들은 사라지고, 어느새 나는 한 발 더 앞으로 나아가게 된다. 확신이 없어도, 뭘 잘 몰라도 나만의 그림을 하나하나 그려야 하는 이유다. 우리 각자의 삶 그 자체가 위대한 것이므로.

생산자의 태도

‣ 자아의 마음에 올라 감정이라는 풍경을 볼 줄 안다.

‣ 불안을 두려워하기보다 오히려 그 감정 안에 무엇이 들어 있는지를 들여다본다.(스스로에 대한 질문, 글쓰기를 통한 자아 성찰)

‣ 부정적인 내면의 목소리가 들려오면, 그것에 휘둘리지 않고 지금 내가 하고 있는 일과 해야 하는 일에 집중하며 그저 묵묵히 나아간다.

8장

자아
: 나의 페르소나를 받아들이고
발전시키는 에너지

내 인생의 장애물은
내가 아니다

극기克己는 나에게 친숙한 단어다. 나는 언제나 극기하길 원했다. 인생의 가장 큰 장애물은 나 자신이란 생각에서였다. 국민학교와 초등학교를 오가는 시대에 살았던 나에게 극기 훈련 프로그램은 자연스러운 기억이자 과정이었다. 극기 훈련 방식은 대개 이랬다. 여러 얼차려를 받으며 앉았다 일어서기를 반복했고, 높은 곳에서 뛰어내려 내 안의 두려움을 증폭시킴과 동시에 그것을 이겨내는 방식. 극기는 시대의 자화상이었다. 더 잘 먹고, 잘 살기 위해 공동의 목표를 완수해야 했다. 이를 위해서라면 개인은 희생되어도 괜찮다는 정서와 나만 아니면 된다는 마음이 공존하는 사회 분위기였다. 이런 시대에서 자랐기에 '나'라는 존재를 사랑하고 아끼지 못하고, 이겨내라고 다그칠 뿐이었다. 지금에 와 극기라는 단어를 다시 찾아봤다. 나를 이기는 것이라고 생각했던 그 단어에서 나는 놀라운 걸 발견해냈다.

극기克己 : 자기의 감정이나 욕심 따위를 이성적인 의지로써 눌러 이김

극기는 나를 괴롭히고 나를 이겨 먹는 게 아니라 내 감정이나 욕심과의 싸움인 것이다. 내 계획이나 의지를 어지럽혔던 건 나 자신이 아니었다. 나는 무언가를 해내려 무던히도 애썼다. 그런 나를 다그치니 쓰러질 수밖에 없었다. 어떤 일을 해나갈 때 나와의 싸움은 멈추고, 내 안에서 일어나는 것들을 바라봤어야 했다. 마음을 내려놓고, 왜 그러한 감정과 욕심이 생겼는지를 물었어야 했다. 엄밀히 말해 감정과 욕심은 내가 아니다. 그러나 나는 어느 순간부터 그것들을 나와 동일시해왔다. 감정과 욕심은 한 발자국 떨어져 바라봐야 한다.

나라는 장애물을 마주하는 순간

인생에는 수많은 장애물이 있다. 그러나 내가 아무것도 하지 않는다면 장애물조차 없을 것이다. 나는 살아남기 위해 무언가를 계속해왔고, 그만큼의 장애물을 만나왔다. 세상이 나에게 던진 장애물도 있지만, 스스로 만들어낸 장애물도 존재했다. 그 개수를 따져 묻는다면 나는 후자 쪽이 훨씬 더 많았다고 회고한다.

나 자신을 장애물로 규정하는 순간, 이 세상의 그 어

떤 장애물도 뛰어넘을 수 없다. 나라는 장애물을 뛰어넘었다고 해도 그 결과는 그리 기쁘지 않다. '나'라는 장애물을 이겼다고 생각할지 몰라도 패배한 상대 또한 나이기 때문이다. 나와 나는 서로를 장애물로 여길 게 아니라, 합심하여 다른 장애물을 넘어야 하는 사이다. 내 키를 훌쩍 넘는 벽을 넘을 방법은 둘의 힘을 합치는 것이다. 밀어주고 끌어주거나 높이 점프를 할 수 있게 누군가는 지지대 역할을 해주어야 한다.

내 인생의 장애물은 내가 아니다. 내가 만들지 않은 장애물도 지나고 나면 장애물이 아니다. 장애물을 만났을 때 나는 비로소 움직였고, 그것을 넘기 위해 고군분투했으며 그 사이 나는 한 뼘 더 자랐다. 이리 보면 이 세상에 장애물이란 게 있을까 싶다. 나는 더 이상 장애물을 만들어내거나 그것을 운운하지 않기로 한다. 그저 묵묵히, 나와 손을 잡고 그것을 함께 넘자고 스스로에게 나지막이 읊조리며 나아간다.

후회를 줄이는
가장 확실한 방법

프랑스에는 레스프리 드 레스칼리에L'esprit de l'escalier(계단참에서 생긴 생각)라는 관용어가 있다. 이는 프랑스 철학자 드니 디드로가 친구 집에서 한참을 즐겁게 떠들다 계단을 내려가는데, 순간 '아, 그때 이런 말을 했으면 좋았을 텐데…'라는 생각이 들었다는 데에서 유래되었다. 드니 디드로의 경험에서 비롯된 이 말은 후회를 아주 잘 나타낸 대표적인 표현이다. 후회는 이처럼 시간이 지난 후에 몰려온다. 수많은 영화 소재로 등장하는 타임머신도 후회를 바탕으로 탄생했다. 우리가 '타임머신을 손에 쥘 수 있다면…' 하고 바라는 생각과 욕망 또한 후회스러운 일을 바로잡으려는 목적에서 크게 벗어나지 않을 것이다.

사람은 기본적으로 실패를 두려워하도록 설계되어 있는데, 그 실패의 8할을 차지하고 있는 것이 후회다. '이렇게 하지 말았어야 했는데'라는 생각이 드는 순간 우리는 실패를 맛보고 있는지도 모른다. '나는 왜 그걸 하지 않았을까?', '나는 왜 그런 선택을 했을까?', '나는 그때 왜 그런 말과 행동을 했을까?', '나는 그것을 왜 꾸준히 하지 못했을까?', '나는 왜 나 자신을 사랑하지 못했을까?' 많은 사람들이 이런 후회의 말들을 한다. '우물쭈물하다 내 이럴 줄 알았지'라는 아일랜드의 극작가 겸 소설가 조지 버나드 쇼의 묘비명은 이 질문들을 하나로 엮어낸다. 삶에서 죽음으로 가는 계단에서, 그는 모두를 대변해 후회의 마음을 이처럼 멋있게 표현했다.

후회하지 않기 위해 지금 당장 해야 할 것

후회는 시간과 관계가 있다. 시간이 부족해 하지 못한 무수한 일들은 결국 후회로 귀결된다. 후회를 줄이기 위해서 우리는 시간을 초월해야 한다. 시간이 많아 일을 더 많이 하고, 시간 부족으로 하고픈 일을 못한다는 생각에서 벗어나야 한다. 시간이 아니라 내 의지와 실천이 더 중요하다. 그 의지와 실천이 가동할 때 비로소 후회는 줄어든다. 후회를 줄이는 가장 확실한 방법은 무엇일까?

첫째, 지금 당장 가장 하기 싫은 그 일 하기.

그 일 말이다. 지금 나와 당신의 머릿속에 떠오르는 미루고 미루던 일 또는 지금 당장 하기 싫은 일들. 내겐 양치, 어학 공부, 운동, 글쓰기가 해당된다. 지금 기준으로 보면 가장 하기 싫은 일들이지만, 하고 나면 기분 좋아지고, 하지 않으면 더 큰 후회가 되어 몰려온다. 시간이 있음에도 마음먹은 것들을 미루다 보면, 시간이 어느 정도 지나고 나서 시간을 낭비했다고 자책할 가능성이 매우 높다. 당시의 하기 싫었던 마음에 대한 기억은 잊어버린 채, 아무것도 하지 않고 시간을 보낸 자신을 다그치는 데 온 에너지를 쏟아붓는다. 낭비한 시간에 대한 후회가 더 큰 시간 낭비라는 것을 잊은 채 말이다.

둘째, 선택에 따르는 결과를 겸허하게 받아들일 것.

대부분의 후회는 선택으로부터 온다. 살아오면서 후회 없는 선택을 얼마나 해봤는지 묻고 싶다. 나는 후회 없는 선택을 해본 적이 거의 없다. 그 어떤 선택을 했어도 후회는 늘 따라왔다. 후회라는 마음이 있는 한 세상에 완벽한 선택은 없을 것이다. 선택 이후의 결과가 좋다면 추억으로, 그렇지 않다면 경험으로 받아들이면 된다. 미래를 예측하는 것과 같은 내 능력 밖의 일에서도 완벽한 선택을 하려 아등바등 살아온 나를 내려놓는다. 그 상황에서의 최선을 선택하고, 그것을 잘 받아들이는 것이 더 나은 삶의 자세라고 믿는다.

셋째, 후회는 늘 존재한다는 사실을 인정하기.

앞서 말했듯이 완벽한 선택 따위란 없고, 우리는 늘 후회를 안고 살아가야 한다. 문제는 이것을 인정하지 않는 데 있다. 어쩌면 우리는 후회하지 않는 인생을 후회해야 할는지도 모른다.

후회는 우리를 성장케 한다. 이불킥을 한다는 건 나를 돌아봤음을 의미한다. 이후에는 이불킥의 횟수를 점차 줄여갈 것이다. 최선을 다하지 못했거나, 이루지 못한 것에 대한 후회가 클수록 오기를 만들어내고 동기를 키워갈 수 있다. 어쩌면 내가 이룬 많은 것들이 후회로부터 왔다고 해도 과언이 아니다. 후회하지 않을 일을 만들기보다는 후회를 받아들이고, 줄여갈 수 있을지를 고민하자.

살아가다 보면 수많은 선택을 하는데, 그때는 틀리고 지금은 맞거나, 그때는 맞지만 지금은 틀린 경우가 참 많았다. 후회했지만 후회할 일이 아니었고, 후회하지 않았지만 후회할 일로 뒤바뀐 일들. 그렇다면 내가 할 수 있는 건, 지금 할 수 있는 것에 집중하고 할 수 없는 것을 후회하지 않는 게 아닐까. 지금 당장 하기 싫은 일을 하고, 선택 이후의 결과를 겸허히 받아들이고, 후회는 늘 존재한다는 것을 인정하는 것. 나는 이 세 가지가 나를 지키고 성장시킬 수 있는 가장 확실한 방법이라고 믿는다.

8장 자아: 나의 페르소나를 받아들이고 발전시키는 에너지

때로는 페르소나가
불가능을 가능케한다

페르소나는 고대 그리스 연극에서 쓰던 가면을 말한다. 심리학자인 칼 구스타프 융이 사회적 역할을 사회적 가면으로 풀이하면서 대중들에게도 친숙한 단어가 되었다. 나는 이 표현을 두고두고 회자한다. 삶이 복합적이고 예외적이며, 변수가 많은 이유는 예측할 수 없는 페르소나의 향연이라 생각하기 때문이다.

삶을 살아가는 데 있어 하염없이 방황하고, 다른 이와

갈등을 겪는 이유를 생각해보면 거기엔 여지없이 페르소나가 있다. 우리는 하나의 페르소나를 쓰는 게 아니라, 여러 겹의 가면을 쓰고 있다. 그것도 동시에 써내야 한다. 더 무서운 건, 내가 쓰고 싶은 가면보다는 써야만 하는 가면들이 너무나 많다는 것이다. 알람 소리에 눈을 뜨면 내 얼굴에는 여지없이 직장인이란 페르소나가 쓰여 있다. 페르소나 속 나의 본심은 다 때려치우고 늦잠을 자고 싶지만, 먹고살아야 하는 내 사회적 역할이 무거운 몸을 기어이 일으킨다. 동시에 나는 한 가정의 가장, 남편, 아빠, 아들, 누군가의 친구이자 동료다. 단지 아침이 되어 눈을 떴을 뿐인데, 사방에 흩어져 있던 수많은 가면들이 내 얼굴에 다닥다닥 붙는다. 어느 날 문득 혼자 있고 싶은 생각이 부쩍 많아진다면, 나에게 주어진 페르소나를 돌아보는 게 좋다.

페르소나와 원형

페르소나 안에 감춰진 '진정한 나'를 원형이라 하는데, 본디의 모양을 뜻한다. 이 본디의 모양은 페르소나에 여지없이 휘둘린다. 이게 말이 되는 걸까? 혼란스러웠다. 문득 마음속에 한 질문이 떠올랐다. 페르소나와 원형 둘 중에 어느 것이 더 클까? 나는 당연히 원형의 크기가 클 거라고 생각했다. 그러나 아니었다. 앞서 이야기한 대로 페르소나는 수십, 수백 겹으로 이루어져 있고, 나조차 모르는 가면들도 무수하다. 물리적인 개수와 양으로도 내 원형을 압도하고도 남는다. 또한 페르소나가 많아질수록 나 자신 즉, 원형은 희미해진다. 내가 쓰고 싶은 페르소나보다는 써야 하는 페르소나가 훨씬 더 많기 때문이다. 한평생 직장에 헌신을 한 뒤 퇴직을 하면 정체성을 잃어버린 느낌에 방황을 하거나 아이를 낳고 육아를 도맡아 하면서 우울증에 빠지는 경우가 그 예다. 많은 사람들이 사회가 주는 스트레스에 짓눌릴 때 자신을 찾기 위해 글을 쓰거나 명상, 운동을 하면서 살아 있음을 느끼려 하는 이유다. 페르소나로 인해 내 원형과 자아가 희미해지지 않도록 지금 내가 무엇을 하고 있는지를 살펴보자.

페르소나를 현명하게 사용하는 법

더 큰 세상을 보기 위해서는 거인의 어깨에 올라타라는 말이 있다. 나보다 큰 존재나 수단의 흐름을 활용하라는 말이다. 페르소나는 원형보다 크다. 그렇다면 원형인 우리는 우리보다 큰 페르소나를 활용할 수 있지 않을까?

이미 나는 답을 이야기했다. 매일 아침 늦잠의 유혹을 뿌리치고 천근만근 늘어진 몸을 일으키게 한 건 다름 아닌 페르소나다. 나는 직장인의 페르소나 덕분에 해낸 게 참 많다. 엑셀과 파워포인트는 물론 꾸준하게 출근과 퇴근을 해내고 있다. 월급은 꾸준함의 상징으로, 20여 년간 월급이 끊기지 않았으니 불가능하다 생각했던 꾸준함을 어느 정도 이어가고 있는 것이다. 또한 선배, 상사, 부장, 마케터, 기조연설자, 면접관 등등의 다양한 직책과 직급을 통해 새로운 일들도 해냈다. 아마도 직장인의 페르소나를 쓰지 않았다면 하지 않았을 일들이었을 것이다. 불가능해 보이던 프로젝트를 성사시켰고, 나서기 좋아하지 않는 내가 해외 바이어들과의 파티에서 노래도 불렀다. 유창하지 않은 영어지만 연습한 끝에 수백 명 앞에서 기조연설을 했고, 갑작스러운 해외 파견 발령으로 3개월간 한 국가의 언어를 습득하기도 했다.

작가라는 페르소나도 그렇다. '작가라서 쓰는 게 아니라, 쓰니까 작가다'라는 신념으로 누가 알아주지 않아도 글을 써나갔다. 그 결과 글이 쌓여 여러 권의 책이 되었다. 글이 써지지 않을 때는 여지없이 작가라는 페르소나를 억지로라도 쓴다. 그러면 무엇 하나라도 생산해내는 결실을 맞이한다. 사람은 미약한 존재이지만 부모가 위대한 이유도 이와 같다. 부모라는 페르소나가 수퍼 파워를 만들어내기 때문이다.

삶의 무게는 페르소나의 무게라 해도 과언이 아니다. 그러나 어느 정도의 무게는 삶에 도움이 된다. 바람에 흩날리지 않으며 중심을 잡고 오뚝이 서 있을 수 있는 건 무게가 있을 때 가능한 일이다. 삶의 무게를 짐으로 받아들일 것인가, 아니면 삶의 중심을 잡게 해주는 추로 활용할 것인가. 페르소나는 아무리 봐도 짐이다. 그러나 역으로 그것을 활용하면 원형인 내가 아예 도전하지 않거나 해내지 못할 일들을 해낼 수 있게 된다.

그러기 위해선 나의 페르소나는 무엇인지를 먼저 살펴야 한다. 덕지덕지 붙어 있는 내 가면들을 하나하나 규명해야 한다. 그것들을 규명해 나아갈 때 페르소나는 짐이 아니라, 중심을 잡아주는 추가될 수 있다. 더불어 불가능한 것을 해내야 할 때 어떤 페르소나를 꺼내어 쓸 수 있

8장 자아: 나의 페르소나를 받아들이고 발전시키는 에너지

을지에 대한 삶의 기술도 습득할 수 있다. 할 수 없다는 생각이 들면 페르소나의 힘이라도 빌려보자. 이제는 그 짐 안에 내게 유용한 무엇이 들어 있는지를 들여다볼 때다.

생산자의 태도

▸ 스스로를 인생의 장애물이 아니라, 장애물을 함께 뛰어넘는 동료로 생각한다.(자책이나 스스로에 대한 비난 지양)

▸ 불편한 선택을 하는 것이 후회를 줄이는 방법이라는 것을 안다. 더 좋은 방법은 후회는 늘 존재한다는 것을 인정하는 것이다.

▸ 페르소나에 충실할 때, 할 수 없는 것도 해낼 수 있다는 것을 안다. 그리하여 상황에 맞추어 그 힘을 자유자재로 활용한다.

9장

생산자의 실천법

하고 싶은 일을
하게 되는
리스트 작성법

때때로 불행한 느낌은 하고 싶은 일보다 해야 하는 일을 더 많이 해야 한다는 자각에서 온다. 단적인 예로 직장인이 그렇다. (회사 체질이 아닌) 사람들이 모여, (하고 싶지 않은 혹은 해야 하는) 일을 하는 곳이 직장이다 보니 행복하기보단 그렇지 않은 순간이 더 많은 것이다. 그래서 다 때려치우고 '내가 하고 싶은 일 할 거야! = 나 퇴사할 거야!'라는 직장인 허언을 항상 달고 산다.

해야 하는 일은 언제나 산적해 있다. 어디 회사 일뿐일까. 운동, 독서, 쓰레기 버리기, 세금 내기, 방 정리하기 등 개인 일도 엄청나다. 쳐내고 쳐내도 줄지 않는 해야 하는 일 속에서 우리는 아등바등하며 살고 있다. 해야 하는 일은 마치 살아서 분화하는 것 아닐까란 의문까지 든다. 증식하는 그 힘과 모양새가 참 대단하다고 감탄을 하며, 나는 그것에 자주 압도된다.

시간 계획을 수립하는 이유는 바로 해야 하는 일을 위해서일 것이다. 정해진 시간 내에 해야 하는 일이 수두룩하다. 해결하지 않으면 다음 단계로 갈 수 없거나 먹고사는 데 지장이 생긴다. 시간을 잘 쪼개어 확보했어도 실천하지 못하는 경우가 아주 많은데, 해야 할 일은 더욱더 미뤄두고 딴짓을 하게 된다. 이런 이유로 의지도 관리해야 한다. 이러한 악순환을 개선할 수 있는 방법은 없을까? 해야 하는 일이 그토록 싫어서 확보된 시간 앞에서 머뭇거리는 지긋지긋한 내 모습을 바꿀 수 있을까?

특별하지 않지만, 꽤 신박한 내 방식을 소개한다. 해야 하는 일 앞에서, 심지어는 하고 싶은 일 앞에서 쭈뼛쭈뼛 대는 한심한 나 자신을 바꿔보기 위해 스스로를 돌아보기로 했다. 나는 To do list(해야 하는 일)를 항상 작성한다.

To do list(해야 할 일)

1. 회사 업무 보고서 작성하기

2. 운동하기

3. 독서하기

4. 글쓰기

5. 방 청소하기

6. 어학 공부하기

7. 콘텐츠 만들기 등

완료한 일들을 하나씩 지워나간다. 그런데 제대로 지워지지 않는다. 영 하기 싫은 일이 대부분이고, 해야 한다고 생각하니 더더욱 미루고 싶어진다. 그럴수록 마음은 불편해지고, 자책감과 자괴감은 커져간다. 늘 같은 패턴을 반복하던 끝에 질문 몇 개를 스스로에게 던졌다.

해야 하는 일은 누구의 머릿속에서 나왔는가? 하지 않으면 누구의 마음이 불편한가? 또 하지 않으면 손해 보는 사람은 누구인가? 이것을 해내면 득을 보는 사람, 기분 좋아지는 사람은 누구인가?

다름 아닌 나다. 해야 하는 일 모두는 나를 위한 것이었고, 해내면 수혜를 받는 것도 오롯이 나다. 해야 하는 일은 무의식적으로 내가 하고 싶은 일인 셈이다. 이것을 해내면 좋을 거라는 무의식과 욕구가 반영된 것이다.

나는 당장 해야 할 일 제목에 취소선을 긋고, 하고 싶은 일이라고 다시 적었다. 물론 리스트에 있는 내용은 그대로다.

To do list(해야 할 일) → **Wish List**(하고 싶은 일)

1. 회사 업무 보고서 작성하기

2. 운동하기

3. 독서하기

4. 글쓰기

5. 방 청소하기

6. 어학 공부하기

7. 콘텐츠 만들기 등

하고 싶은 일이 해야 하는 일로 돌변하는 경우도 있고, 하고 싶은 일이라고 하더라도 뜻대로 되지 않아 완벽하게 마무리를 하지 못하는 경우도 있다. 그러나 이전엔 완료율이 50퍼센트 채 되지 않았다면, 제목을 바꾼 뒤로는 80퍼센트 이상을 해내고 있다. 말장난 같은 이 방법으로 생산성이 30퍼센트 포인트가 늘어났다는 게 믿기 어려울 수도 있다. 그러나 나는 늘 하던 대로 작성하는 To do list의 의미를 발견한 이후, 기대 이상의 변화와 동기부여가 생겼다.

해야 하는 일과 하고 싶은 일, 이 둘은 등을 맞대기보다 어깨동무가 어울리는 사이다. 나의 양 옆에, 그 둘과 어깨동무를 하고 사이좋게 앞으로 나아간다는 관점이 필요하다. 서로 다른 곳을 보던 존재들이, 다 같이 한 곳을 바라보면 생각지도 못했던 에너지가 차오른다. 해야 하는 일이라 쓰고, 하고 싶은 일이라 읽는 지혜. 다름 아닌 나와 내 시간을 위한 현명한 생각이자 지금 당장 나를 움직이게 하는 힘이다.

실천을 부르는 To do list 작성법

적자생존은 요즘 시대에 '적자Memo or Writing＝생존'으로 불린다. 메모의 중요성은 누구나 알지만, 여전히 적지 않는 사람이 있다. 적는 사람과 적어야 하는 이유를 몰라서 적

지 않는 사람, 그리고 중요성을 알면서도 적지 않는 사람
도 있을 것이다.

적는 행위는 기억을 하기 위해서다. 망각곡선과 간격
효과를 발견한 독일의 심리학자 에빙하우스의 연구에 따
르면, 사람의 뇌는 학습을 마친 후 20분이 지나면 42퍼센
트를 잊고, 1시간 후에는 절반이 넘는 55퍼센트, 하루 뒤
에는 66퍼센트, 2일 후에는 72퍼센트, 한 달이 지나면 79
퍼센트를 잊는다고 한다. 이를 바탕으로 보면, 학습이 아
니라 잠시 잠깐 떠오른 영감이나 무엇을 해야 한다는 다짐
은 더 쉽게 날아갈 수 있다. 우리가 기어이 적어야 하는 이
유다. 말 그대로 '적자=생존'의 공식이 성립되는 것이다.

위에서 언급한 적는 사람을 또다시 두 부류로 나눌 수
있다. 바로 적은 걸 실천하는 사람과 실천하지 않는 사람
이다. 우리가 무언가를 적는 이유는 잊지 않기 위해, 더
나아가서는 적은 걸 실천하기 위해서다. 열심히 적었지만
그것을 실천하지 않거나 사용하지 않는다면 아무런 의미

가 없다.

시간 관리의 목적은 실천이다. 실천을 통해 무언가를 이루거나, 행하거나, 성과를 만들어낸다.

어렸을 때 방학을 알차게 보내기 위해 했던 일을 떠올려보자. 열심히 동그라미를 그리고, 시간을 쪼개어 그 안에 해야 할 일을 가득 넣는다. 결과가 어떠했는가? 시간을 쪼개어 만든 쳇바퀴를 온전히 모두 지켜낸 사람이 있을지 모르겠다. 세상은 넓고 특별한 사람은 많으니 누군가는 그것을 해냈을 수도 있다. 한 가지 더 묻고 싶다. 지금의 수준은 어떠한가? 방학 계획표를 그리던 수준에서 우리는 진일보했는가? 메모하는 방법은 더 발전했을 수 있다. 예쁜 다이어리에, 태블릿에 전자펜으로 멋들어지게 적는다. 그러나 실천의 측면에선 그때와 다른 게 없을 거라고 나는 감히 단정한다. 그렇다면 왜 실천이 안 되는 걸까?

구체적으로 적고, 머릿속으로 상상하라

해야 하는 일도, 하고 싶은 일도 많다 보니 시간 관리를 하지 않을 수 없었다. 시행착오를 겪으면서 절대 시간의 양이 계획을 완수하고 성과를 내는 충분조건이 아니란 걸 깨달았다. 아무리 시간을 쪼개고 시간을 만들어낸들 해당 시간에 하기로 한 걸 실천하지 못하는 일이 빈번했기 때문이다. 오히려 시간이 많다고 생각하는 순간 더 게을러지고, 하기로 한 일들은 나중으로 미뤄지곤 했다. 시간 관리는 첫째, 필요한 시간을 확보하거나 발견하여 둘째, 해야 하는 일을 해내고, 셋째 성과를 창출하는 수순이 되어야 한다. 그게 진정한 시간 관리다. 그러기 위해선 To do list를 적고 실천해야 한다. 적은 걸 실천할 수 있도록 훈련하고 스스로를 단련시켜야 한다.

예전엔 그저 단순하게 책 읽기나 콘텐츠 기획하기 등으로 To do list를 작성했다. 그렇게 적어 놓으면 시작이 잘 되지 않을뿐더러, 시작하더라도 집중이 잘 안 되거나 생각보다 시간이 많이 걸려 계획에 차질이 발생하곤 했다. 아래 예를 한번 보자.

내 To do list는 이런 식이었다. 해야 하거나, 하고 싶은 걸 그대로 나열하고 지우는 방식. 그러나 실천은 제대

의욕만 앞선 1차원적 메모

To do list

1. 책 읽기
2. 글쓰기 클래스 홍보 콘텐츠 만들기
3. 운동하기
4. 글쓰기
...
...
...

로 되지 않거나 계획들은 줄줄이 뒤로 밀리기 일쑤였다. 그러다 어떻게 하면 실천을 부르는 계획을 세울 수 있을까 고민했다. 시간은 정해져 있으니 답은 실천밖에 없다. 문장 메모 법과 시뮬레이션 메모 법을 생각해낸 이유다.

문장 메모 법과 시뮬레이션 메모 법은 글쓰기를 통해 습득되었다. 왜 나는 실천을 잘하지 못할까를 매번 자책하곤 했는데, 글을 쓰고나서부터 본질을 탐구하는 시야가 생겼다. 본질을 보니 시간 관리의 이유를 파악할 수 있었다. 시간이 많고 적음을 떠나 실천이 동반되어야 실현할 수 있다. 그저 짤막한 단어를 나열하기보단 '왜'를 메모에 담기로 했다. 그 이유와 과정을 담아 결국엔 현실적으로 실천하게 만드는 방법이 문장 메모 법과 시뮬레이션 메모 법이다.

첫째, 문장 메모 법.

책 읽기, 운동하기와 같은 단순한 단어가 아닌 문장으로 적는다. 이때 두 가지 중요한 사항이 있다. '나는'이라는 단어를 꼭 넣는다. 실천하는 주체는 바로 나이기 때문이다. 그리고 문장 안에 다짐을 넣는다. 목적이나 기대효과에 대해 적는 것도 좋다. 글을 쓰듯 내가 할 일을 문장으로 써내려면 단순한 단어 나열로 이루어진 계획보다 실천할 가능성이 더 높아진다.

둘째, 시뮬레이션 메모 법.

문장으로 풀어낸 할 일을 보다 구체적으로 적는다. 이때, 그 일을 하는 과정을 생각하며 적는다. 말 그대로 시뮬레이션하는 것이다. 책 읽기라면 어떤 책을, 얼마나, 어디에서 읽을 것인지, 콘텐츠를 만들기로 했다면 어떻게 기획하고, 어떤 포맷으로 만들어, 어디에 배포할 것인지를 생각한다. 구체적인 계획은 보다 강력한 실천을 만들어낸다. 시뮬레이션으로 과정을 곱씹다 보면, 하나의 일

내가 주체가 되어 실천하는 구체적인 계획

문장 메모법

1. 나는 책을 읽는다.

2. 나는 글쓰기 홍보 콘텐츠를 작성하여 업로드까지 완료한다.

3. 나는 운동을 하여 건강을 챙기고 체중 조절을 한다.

4. 나는 생산자가 되기 위해 오늘도 글을 쓰고 잔다.

시뮬레이션 메모법

1) 책 선정 : 《직장 내공》
2) 범위 : 10페이지 또는 30분(타이머 활용)
3) 장소 : 책상에서 독서대 사용

1) 기획하기 : 종이에 스케치
2) 표현하기 : PPT 또는 미리캔버스에서 작업하기
3) 변환하기 : 플랫폼에 맞는 사이즈로 이미지 변환
4) 신청링크 : 신청 설문지 작성하여 링크 만들기
5) 배포하기 : 브런치 스토리, 블로그, 인스타그램(글과 함께) 올리기

1) 종류 : 걷기
2) 장소 : 불광천
3) 코스 : 1코스 왕복 4.5킬로미터
4) 복장 : 트레이닝복, 장갑, 마스크, 이어폰 챙기기

1) 장르 : 자기계발
2) 제목 : 실천을 부르는 To Do List 작성법
3) 플랫폼 : 브런치 스토리 작성 후 블로그 동시 게시
　　…

문장으로 표현하되
다짐을 넣는 것이 좋다

해당 안건의 과정을
생각하며 적는다

을 하는 데 많은 시간이 소요된다는 현실 자각을 하게 된다. 예를 들어 콘텐츠를 만들어 올린다면, 기획도 해야 하고, 이미지 변환도 해야 하고, 콘텐츠를 올릴 여러 플랫폼을 서칭하고 컨택해야 하는 것까지 고려하게 되어 소요시간을 현실적으로 인지할 수 있게 된다. 머리로 미리 생각하고 그린 뒤 실행하기 때문에 시간을 좀 더 효율적으로 활용할 수 있고, 무엇보다 그 결과물이 더 양질의 것이 된다.

벼랑 끝에서 의식은 또렷해진다. 나에게 주어진 해야 하는 일과 하고 싶은 일 그 모두를 해냈어야 하는 벼랑 끝에서 나는 정신이 번쩍 들었던 것 같다. 삶의 모든 열쇠는 '어떻게'가 아닌 '왜'에 있다는 걸 날마다 깨닫는다.

페르소나를 활용한
시간 관리법

간혹 너무 많은 일이 몰릴 때는 뒤엉켜 있는 서버실의 랜선이 떠오른다. 얽히고설킨 선들이 전문가의 손길을 거치고 나면 잘 빗겨 넘긴 머릿결처럼 깔끔해진다. 보는 내 마음까지도 정갈해질 정도다.

한정된 시간과 해야 할 일을 떠올리면 뒤엉켜 버린 랜선과 같다. 내 사정은 아랑곳하지 않고 몰려드는 일들엔 자비가 없다. 그야말로 무차별 폭격을 하는 듯하다. 나는 직장인 외에 부캐를 몇 개 가지고 있기에, 회사일은 물론 이거니와 원고 집필, 강의 등 해내야 할 일들이 많다. 물리적으로는 이것들을 모두 해낼 수 없다. 24시간이라는 시간을 쪼갠들, 없던 시간이 더 생성되는 것은 아니기 때문이다.

여러 번 강조했듯이, 이럴 때일수록 시간을 쪼개는 것에서 벗어나야 한다. 시간 쪼개기보다 먼저 해야 할 일은 카테고라이징, 분류하기다. 무작위로 흩어져 있는 것들의 특성을 파악하고, 그 파악된 특성을 기반으로 분류하면 실마리가 보인다.

페르소나를 이해하고 카테고라이징 하라

이제는 '몰린 일들을 어떤 기준으로 카테고라이징 할 것인가'를 고민해야 한다. 아마도 시간에 초점을 둔 사람이라면 중요성과 시급성을 먼저 떠올릴 것이다. 나 역시도 다양한 방법으로 카테고라이징을 해보았다. 시행착오 끝에 얻은 나에게 가장 좋은 카테고라이징 기준은 '페르소나 카테고라이징'이었다. 몰려오는 일들은 결국, 내가 쓰거나 내게 씌워진 페르소나로부터 오는 것들이기 때문이다.

내가 페르소나의 중요성을 알고, 또 페르소나를 글쓰기나 개인 브랜딩뿐만 아니라 시간 관리에도 적용시키는 이유는 단순하지만 명료하다. 바로 '나'가 중심이 되는 것들이기 때문이다. 글쓰기의 주체는 나다. 개인 브랜딩도 나를 위한 마케팅이다. 시간 관리 또한 당연히 어느 누구도 아닌 나를 위한 일이다. 이 이상 더 중요하고도 합리적인 이유가 있을까?

이제는 해야 하는 일이나 하고 싶은 일을 적어 놓은 리스트의 순서를 바꿀 차례다. 나의 페르소나를 먼저 나열해본다. 그 옆에는 그 페르소나가 역할을 할 수 있는 시간을 적는다. 예를 들어 내 페르소나는 아래와 같다.

- **직장인** (평일 08:00 ~ 18:00)

- **작가** (평일 18:00 ~ 24:00 / 주말 20:00 ~ 24:00)

- **MBA 학생** (금요일 18:00 ~ 토요일 15:00)

- **강연가** (요청 및 섭외 시)

- **아빠·남편** (평일 퇴근 후, 주말 전일)

　페르소나와 시간을 이렇게 나눈다고 해서 칼로 두부 자르듯 정확하게 나눠지지 않는다. 페르소나와 시간은 중첩성과 동시성을 띄기 때문이다. 하나 이상의 역할을 해야 할 때도 있고, 내가 해야 하는 일들이 순차적으로 일어나지 않을 때도 많다. 다만 중요한 것은 내가 해야 하는 일들을 열거하고 그것을 쫓아가느라 헐떡이는 게 아니라, 내가 누구이고 어떤 역할을 하는지를 명확히 하여 주도적으로 일을 끌고 나가는 것이다.

　이렇게 1차적으로 내 페르소나와 가용한 시간을 설정했다면 다음은 일을 페르소나로 분류한다.

- 직장인: 중요 보고서 작성, 담당 국가 마케팅 비용 정산, 역량 강화를 위한 교육 등
- 작가: 브런치 글쓰기, 초고 원고 작성 및 개고, 글 기고 원고 작성, 글로 모인 사이 기획·진행 및 홍보
- **MBA 학생**: 이번 주 내용 복습 및 다음 주 학습내용 예습 및 과제, 졸업 논문 작성
- 강연가: 재능 공유 플랫폼, 대학교, 기업체 및 관광서 강의, 새로운 강의안 준비 (스크립트 및 PPT 작성)
- 아빠·남편: 와이프와 맛집 데이트, 아이들과 나들이 및 운동

이 두 과정을 합치면 전체적인 매트릭스가 완성된다. 매트릭스를 살펴보면 어느 시간에 내가 어떤 역할을 해야 하는지를 알 수 있고, 그 역할에 몰입할 수 있다. 나의 페르소나와 역할을 연관을 짓지 않으면, 일의 효율은 떨어지고 시간 관리 또한 되지 않는다. 하지만 페르소나와 그에 맞는 일과 시간을 잘 접목하면 몰입할 수 있고, 몰입은

페르소나 시간 관리 매트릭스

페르소나	시간	월요일	화요일	수요일	목요일	금요일	토요일	일요일
직장인	오전			회사업무				
	오후							
	저녁							
작가	오전						글 기고	글 기고
	오후						계약 원고 초고	계약 원고 초고
	저녁	브런치 스토리 글쓰기	브런치 스토리 글쓰기	브런치 스토리 글쓰기	브런치 스토리 글쓰기	브런치 스토리 글쓰기	사이드 프로젝트 관리	
학생	오전					예습·복습	수업 듣기	
	오후					수업 듣기	과제·논문	
	저녁					수업 듣기		
강연가	오전							
	오후							
	저녁						강의안 준비	강의안 준비
아빠·남편	오전						가족 나들이	가족 나들이
	오후						맛집 투어	맛집 투어
	저녁	대화 또는 운동	대화 또는 운동	대화 또는 운동	대화 또는 운동	대화 또는 운동	운동	운동

시간을 배로 불리는 효과를 발휘한다.

페르소나는 내가 쓰고 싶다고 쓰는 것이 아니다. 또한 내가 생각하지 못한 페르소나를 갑자기 쓰게 되는 경우도 있을 것이다. 예를 들어 평일 직장인의 페르소나가 늦은 밤이나 주말까지 이어지는 경우도 분명 있다. 모든 일에는 예외가 있고, 세상일은 내 맘대로 되지 않는다. 그러나 내 페르소나를 파악하려 노력하고, 그에 맞게 카테고라이징하여 관리하는 것과 그렇지 않은 것의 차이는 크다. 일에 파묻혀 허우적 대느냐, 일을 파악하여 주도하느냐의 차이는 여기에서 비롯된다. 사람은 완벽할 수 없다. 모든 페르소나를 흠 없이 소화해낼 사람은 그 누구도 없다. 그럼에도 나는 완성을 향해 나아가는 집념은 있다고 믿는다.

랜선 전문가가 랜선 정리를 하는 데에는 짧게는 이틀에서 일주일까지 시간이 소요된다고 한다. 그 사이에 모든 서버는 셧다운 된다. 이는 회사 입장에서는 큰 손실이 아닐 수 없다. 그러나 더 나은 내일을 위해선 꼭 한 번은 하고 넘어가야 할 일이다.

현재 시간에 쫓기고 있는 사람도 마찬가지다. 잠시 멈춰 복잡한 모든 것을 내려놓고 시간 관리에 대한 개념을 재정립해보자. 내 페르소나도 하나하나 진지하게 돌아보

자. 때론 멈춰야 다시 나아갈 수 있다. 이때의 멈춤은 손실이 아니라 더 큰 이익과 효용으로 돌아온다는 사실을 기억하자.

앞으로도 나는 몰려오는 일에 맞서 시간을 쪼개기보다는 내 역할을 되돌아보고, 그것들을 하나하나 이루어가자. 어차피 몰려오는 일은 내 페르소나가 만들어낸 일들이니까.

페르소나 시간 관리법

▸ 매일 글쓰기는 쉽지 않다. 제목을 만들고 소재를 모아 놓으면, 글을 좀 더 빨리 쓸 수 있다.

▸ 토요일과 일요일은 자발적 주6일, 주7일 업무라고 생각하고 계획을 세우면 좋다. 내 회사, 내 일이라고 생각하면 동기부여가 더 잘 될 것이다.

▸ 주말 가족들과의 나들이나 맛집 투어는 대개 오전 시간을 활용한다. 오전 8시 ~ 오후 12시 전까지의 시간을 주로 활용하는데, 차도 덜 막히고 사람도 붐비지 않아 시간과 에너지를 절약할 수 있다. 이후엔 각자 할 일을 하거나 휴식을 취한다.

▸ 가족들과의 산책 시간은 건강을 증진시킬 뿐만 아니라 대화를 더 많이 할 수 있는 아주 좋은 기회다.

10장

조금은 더
나답게 사는 방법

본업에
답이 있다

임선빈 장인. 경기 무형문화재 30호 북메우기 악기장.
1988년 서울 올림픽 대북, 청와대 춘추관 북, 통일전망대
북 등 나라의 중요한 북 제작에 모두 참여한 바 있는 대한
민국 최고의 북 장인이다. 선천성 소아마비를 앓았던 그
는 한국전쟁 통에 고아가 되어 거리 생활을 하다 한쪽 청
력을 상실했다. 이후 열한 살 때 스승인 고故 황용옥 선생
을 만나 그의 북 공방에 최연소로 입문했고, 어려운 연습

을 반복하며 수련을 이겨낸 끝에 최고의 반열에 오르게 되었다. 영혼이 깃든 북을 만들어낸 그는 어떤 사명감을 갖고 있었을까?

한 중년 신사는 소아마비 어린아이를 보았다. 길을 잃고 헤매는 모습을 보고는 딱한 그 아이를 불러 배불리 밥을 먹을 수 있는 곳으로 데리고 갔다. 그곳이 바로 고故 황용옥 선생의 북 공장이었다. 스승은 그에게 말했다. "너는 다리가 이러니까, 이걸 안 배우면 천상 너는 업신여김 당하고 살기 힘들다. 그러니까 무조건 배워라." 스승의 이 한마디가 임선빈 장인에게는 힘든 시간을 이 악물고 버티게 해준 이유이자 원동력이었다고 한다. 임선빈 장인은 그저 당장의 배고픔을 해결하기 위해 북을 만들기 시작했고, 불편한 다리를 가진 자신의 쓸모를 증명하기 위해 포기하지 않고 북을 만든 것이다. 영화 〈울림의 탄생〉에서 임선빈 장인은 이렇게 말했다. "부모 품이 그립더라고요.

제일. 그러던 어느 날, 북을 말리던 중 호기심에. 정말 호기심에 그 북을 두들겨 봤어요. 근데 그 북소리가… 지금의 현재 내가 부모님을 그리워해가지고 애타는 그런 소리가… 내 마음을 이렇게 울려주는 그런 소리가 나와주는 거죠. 그때부터 이 북소리가 진짜 내 인생을 180도 잡아 돌려놓았어요."

사명감 따윈 없었다. 갑작스레 찾아온 우연한 인연의 시작이 그의 삶을 이끄는 의미가 된 것이다. 그가 본업을 찾고, 받아들이고, 의미를 찾는 과정에서 나는 심한 전율을 느꼈다. 임선빈 장인의 인터뷰는 늘 고민해온 "본업이란 무엇인가?"라는 질문에도 명쾌한 답을 안겨주었다. 본업이란 (사전적 의미 그대로 먹고살기 위해) '주가 되는 직업'이다. 단순히 처음의 직업을 유지하거나 버티라는 말이 아니다. 그 안에서 어떤 의미를 얼마만큼 알아채느냐에 따라 '업'의 본질이 좌우된다.

나는 그의 말에 크게 공감했다.《직장 내공》출간 후 강의를 할 때, 나는 직업과 업의 관계를 아래와 같이 설명한다.

나를 지키고 성장시키며 일하기

직 업 (業) 보

개인이 사회에서 생활을 영위하고 수입을 얻을 목적으로 한 가지 일에 종사하는 지속적인 사회 활동

자신이 행한 행위에 따라 받게 되는 운명

직업은 개인이 사회에서 생활을 영위하고 수입을 얻을 목적으로 한 가지 일에 종사하는 지속적인 사회 활동을 말한다. 한마디로 돈을 벌기 위해 무언가를 반복적으

로 하는 일이다. 이리 보니 직업이란 단어의 무게감이 그리 무겁지 않다는 생각이 들기도 한다. 그러나 업이라고 말하면 이야기는 달라진다. 왠지 직업보다는 뭔가 더 무게감이 있어 보인다. 월급에 팔랑이는 직업보다 좀 더 고상하고 진중한 의미로 다가온다.

업이라는 글자보다 더 묵직한 무게감을 가진 단어가 있다. 바로 업보다. 이는 자신이 행한 행위에 따라 받게 되는 운명을 말한다. 우리가 행한 행위는 무엇일까? 바로 일이다. 즉 업보는 직업과 관련이 깊다. 직업과 업 그리고 업보는 모두 연결되어 있다. 그러니 직업을 가벼이 여기면 업을 찾아낼 수 없고, 업을 찾아내지 못하면 우리의 업보는 어디로 향할는지 모른다.

임선빈 장인의 예로 돌아가보자. 그는 우연찮게 직업을 갖게 되었지만, 북소리에 마음이 요동하며 의미를 찾아내었다. 의미를 찾아내니 북 메우기는 어느샌가 그의 업이 되었고, 그 업은 그에게 대한민국 최고 장인이라는 업보가 되었다. 생애 마지막 북을 만드는 여정이 영화로 만들어져 많은 사람에게 영감을 주고 있는 것을 보면, 그의 업보가 마음이 요동할 정도로 아름답다.

직장인의 삶에 대하여

한 달 월급에 팔랑이는 삶. 팔랑이는 것은 가볍다. 아니, 자신이 팔랑인다고 생각하는 사람들이 가벼운 것이리라. 내 수준이라고 월급만큼이라고 생각해서는 안 된다. 월급은 많고 적음을 떠나, 어차피 많이 모자라게 느껴지는 만족되지 않는 무엇이다. 그 이상의 의미를 찾아야 한다. 월급에만 국한하여 스스로를 평가한다면 계속하여 액수보다 못한 삶을 살게 될 것이다. 직장인의 삶을 한번은 재정의해보자.

무엇을 하고 있냐는 말에 어느 누군가는 벽돌을 나르

고 있다 하고, 또 어느 누군가는 집을 짓고 있다고 말한다. 나사에 방문한 버락 오바마 대통령은 청소하는 사람에게 무슨 일(역할)을 하느냐고 물었다. 그 청소부는 "사람을 달에 보내는 일을 돕고 있습니다."라고 말했다. 정신 승리를 하자는 게 아니다. 실제로 내가 하고 있는 일과 그 일이 어떻게 성과에 영향을 미치는지를 객관적으로 봐야 한다. 더불어 그 일을 회사에만 국한하지 말고, 내 일상에 사용할 줄도 알아야 한다.

'배운 게 도둑질'이라는 속담이 있다. 주변에 회사 일을 그만두었거나 진로를 바꾼 사람들을 유심히 관찰해보자. 장담컨대, 아무리 다른 일을 하더라도 이전의 본업에서 배운 역량과 스킬을 기반으로 다른 일을 하고 있을 것이다. 직장에서 하게 되는 일은 대개 내가 원하는 일이 아니다. 하고 싶은 일도 아니다. 해야 하는 일이고, 내 맘대로 되지도 않는 정말 하기 싫은 일일 가능성이 높다. 그러나 이러한 일만큼 나를 다그치고 성장시키는 것도 없다. 회사가 아니라면 절대 해보지 못했을, 그리고 안 했을 일들이 비일비재하다. 그러니 일의 의미를 찾기 어렵고, 하루라도 빨리 그 일을 안 할 생각만이 머릿속에 가득하다. 이런 생각이 자신을 지배하려 들 때는 관점을 바꾸어보자. 이왕 하기 싫은 일이라면 무어라도 건져내야 내게 도움이 되지 않을까?

회사라는 조직의 본질을 생각해보자. 조직은 끊임없는 성장과 영속을 목적으로 한다. 개인도 마찬가지다. 그렇다면 회사의 시스템을 보자. 그 시스템은 생존을 위해 축적된 일종의 노하우다. 우리는 그 시스템 안에 들어가 있다. 혹자는 직장인은 부속품과 같이 환멸을 느낀다고 하지만, 우리는 부속품이 맞다는 걸 인정해야 한다. 어차피 시스템이 존재하고 있고, 우리는 그 시스템의 일원이 되기로 계약서를 쓰고 일을 시작한 게 아닌가. 회의적인 생각을 멈추고, '직업'에서 '업'을 찾아내자. 이것이 더 현명하고 지혜로운 대응이다.

직업에서 업을 찾는 법

제대로 된 부속품의 역할을 하지 못하면서 불평불만을 쏟아내는 건 자신을 위해서도 옳지 않다. 부속품의 생활은 영원하지 않다. 언젠간 우리도 우리의 시스템을 만들어야 할 때가 온다. 그렇다면 지금의 부속품 역할을 충실히 해내어 많은 것을 배워야 한다. 그래야 나만의 시스템을 구축하고 그것을 굴릴 수 있다. 이것이 바로 '본업'에서 '업'을 찾아야 하는 이유이자 동시에 비결이기도 하다.

직업에서 업을 찾는 법으로는 마음가짐으로부터 시작한다.

첫째, 의미를 찾거나 찾지 못한다면 스스로 만든다.

글 기고 요청이 왔을 때다. 기고를 마무리하며 해당

플랫폼의 편집자에게 커피 쿠폰과 함께 인사를 건넸다. "와, 이렇게 좋은 글과 콘텐츠를 널리 알리고 나누는 일을 하시다니, 보람차시겠어요. 멋집니다!" 이후에 편집자는 내게 '보람'이라는 단어에 울림이 있었다며 고마운 마음을 전했다. 한 번도 자신이 하는 일을 그렇게 생각해본 적이 없다는 것이다. 나 또한 마찬가지다. 만약 내가 그 일을 하고 있었다면? 나 또한 팍팍한 월급과 반복되는 일 사이에서 투덜투덜하고 있었을 것이다. 그런데 나는 어떻게 이런 감사 인사를 전할 수 있었을까?

내 일은 언제나 지겹고 답답한 무엇이다. 그러나 한 걸음 떨어져 바라보면 다른 누군가의 일은 내가 헤아릴 수 없는 전문 영역이다. 다른 사람의 눈으로 또는 메타인지하여 스스로를 바라보면 보이지 않던 게 보인다. 보이지 않던 것은 의미다. 책《직장 내공》을 쓰기 시작한 것도 이 때문이었다. 수십 년 직장생활을 했는데 돌아보니 남는 게 없다면 너무 서글플 것 같았다. 내가 걸어온 길을

샅샅이 뒤져보면 의미 한두 개는 찾을 수 있지 않을까 하는 생각을 했다. 아니나 다를까 요소요소에 특히 내가 가장 힘들었던 시기에 너무나 큰 의미들이 숨어 있었다. 반복되는 일과 사람들과의 갈등 속에서 의미를 찾아내니, 그 모든 경험은 내게 소중한 보물들이었다는 걸 깨달았다. 내 일이 지겹고, 비전이 보이지 않을수록 기를 쓰고 의미를 찾아내야 한다. 찾아내지 못한다면 아예 만들어내거나.

둘째, 타의성의 가치를 알아챈다.

엔트로피 법칙을 줄일 수 있는 방법 중 하나는 바로 타의성이다. 나는 정말 게으른 사람이다. 그러나 20년 가까이 일을 하며 월급이 끊긴 적이 없다. 누군가는 월급이 꼬박꼬박 한 것이라 말하겠지만 나는 생각이 다르다. 내가 꼬박꼬박 했기에 월급이 끊이지 않은 것이다. 나를 깨우는 알람 소리에 겨우 눈을 뜨고, 무거운 몸과 마음을 일으켜 출근과 퇴근을 해낸 것이다. 만약 내가 직장을 다니지 않았거나, 일을 하지 않았다면 나는 엔트로피 법칙에 제대로 걸려들었을 것이다.

앞서 이야기했던 부속품이라는 것에 대한 회의는 자의성보다는 타의성이 크기 때문에 오는 정신적 충격이다. 그러나 자의성을 가진 부속품은 의미가 없다. 적재적소에 끼워져 제기능을 발휘해야 한다. 그렇다고 자의성을 폄하하는 건 결코 아니다. 자의성은 타의성과 동반해야 한다는 의미이며, 자의성에 부여하는 긍정적 가치가 너무 커서, 타의성을 절대적 부정성으로 치부하는 경향이 있다는 걸 말하고 싶은 것이다.

더불어 내가 원하지 않는 일, 잘 못하는 일, 해야 하는 일, 하기 싫은 일이 나에게 어떠한 의미를 주는지를 알아채야 한다. 자의성으론 절대 하지 않을 일이고 할 수도 없다. 삶의 진실을 털어놓자면, 우리는 하기 싫거나 해야 하는 일을 배울 때 더 많이 성장한다. 임선빈 장인 역시 그의 본업이 시작될 때 자의성은 존재하지 않았다. 먹고살 길이 없어서, 소아마비로 절룩이는 다리로 업신여김을 덜 받기 위해 그는 어린 나이에 일을 해야만 했고, 그 일 안에서 그는 비로소 의미를 찾아내었다.

셋째, 반복이 무엇을 만들어내는지에 주목한다.

반복은 물리적 속성이지만 추상적인 개념에도 적용된다. 무거운 것을 들었다 내려놓는 동작을 반복하면 근육이 생긴다. 정신적인 것도 이 원리와 같다. 마음에 상처가 되는 일이 많아지면 우리는 자연스레 상처에 무뎌짐을 느낄 수 있다. 마음에도 굳은살이나 근육이 생기는 것이다. 이처럼 반복은 무언가를 강화한다. 그러나 반복은 지루하고 지겹다. 또한 반복에 갇히면 나아가고 있는 건지에 대한 의심이 들며 불안감이 엄습한다. 지루하고 지겨운 일은 가치가 없어 보이기 때문이다.

보고서, 파워포인트와 엑셀, 회사 VIP를 모시는 의전, 살벌한 기획회의, 인원과 자료 취합 등 매일 반복되는 일을 잘 살펴야 한다. 그 일을 하면서 나는 강해지고 있는가, 전문가가 되고 있는가. 아니면 투덜대며 그저 오늘 하루를 넘겨보는 데 의미를 두는가.

무엇을 해야 할지 모르거나 방향을 찾지 못할 때면 나는 본업에 좀 더 집중한다. 그 과정에서 내 일에 대한 의미를 찾아내고, 내 업이 무엇인지를 어렴풋이라도 알게 되기 때문이다. 본업과 업의 상관 관계. 그 사이에는 무엇보다 중요한 내가 있다. 나를 중심으로 본업과 업을 오간다면 삶의 의미는 더욱 다채로워질 것이라고 믿는다.

무엇에든
도전하는 삶

사람은 끼리끼리 모인다고 내 주위엔 이것저것 일을 벌이는 사람이 많아졌다. 탄탄한 본업을 가진 사람도 있고, 사이드 프로젝트를 본업 자체로 활동하는 사람들도 있다. 그들과 함께 교류하다 보면 꽤 큰 자극을 받는다. 그들의 에너지를 직·간접적으로 느끼기 때문이다. 어디에서 그런 힘과 추진력이 나오는지 부러울 따름이다. 그들을 관찰하면서 '아, 삶은 도전하고 봐야 하는 거구나'라는 것을 깨닫는다. 나 또한 평범한 직장인에서 지금까지의 성장을 이룰 수 있던 것은 무엇에든 도전했기에 가능한 일이었다.

벼랑 끝에 서면 정신은 명료해진다. 일을 벌이고, 내 말과 행동에 책임을 져야 하는 그 순간은 마치 벼랑 끝에 서 있는 것만 같다. 그 벼랑에서 비상하느냐, 추락하느냐 는 각자의 몫이다. 일을 벌이고 수습하면 생산자가 되지 만, 일을 벌이고 수습하지 못하면 사기꾼이 된다.

요즘은 무언가를 시작하기 아주 좋은 시대다. 정보는 넘쳐나고 할 수 있는 것들도 많다. 돈을 버는 일부터 취미 와 자기계발까지 그 영역은 다양하다. 이때 주의해야 할 것이 있다. 시작하기 앞서 반드시 '왜'를 떠올려야 한다. 내가 글쓰기 강의에서 '어떻게'보다 '왜'를 강조하는 이 유다. '어떻게'로 시작하면 방향을 모르고 열심히만 한다. '왜'를 명확히 하고 시작해야 현명하게 일을 벌일 수 있다.

일을 벌이면 시간은 내 편이 된다. 벌인 일에 책임을

져야 하기 때문이다. 스타트 버튼을 누르면 우물쭈물할 시간이 없다. 기한 내에 내가 벌인 것을 어떻게 수습해야 할지를 고민한다. 시간이 짧을수록 고민의 깊이는 깊다. 평소에 발휘하지 못한 몰입의 힘이 생긴다.

일을 벌이면 강제로라도 시간 관리가 된다. 시작엔 끝이 있어야 하고, 끝이 있어야 하는 일에는 나의 시간과 노력이 투입되어야 하기 때문이다. 강의 의뢰를 덥석 받고, 기한 내에 강의안을 완성한 적도 여러 번이다. 아무리 바빠도 강의안을 써야 하는 시간은 어떻게든 확보하고, 그 짧은 시간에 엄청난 에너지를 쏟아부어 완성시킨다. 때론 그 과정이 고되고, 후회가 되기도 하지만 어떻게든 끝을 내면 나에겐 시간 관리와 성장이란 선물이 돌아온다. 오늘 내가 누리는 성과들은 과거의 내가 무언가를 시작했기 때문에 맞이할 수 있는 선물이다. 지금 하고 있는 일이 있다면 그것에 최선을 다하되, 사이드로라도 일을 벌이기를 추천한다. 새로운 일을 수습하다 보면 시간이 내 편이

되는 기적과 생각하지도 못했던 기회들이 몰려올 테니
말이다.

만족하는 자가
시간을 지배한다

만족만큼 어렵고 모호한 단어가 없다. 단어 그 자체가 어려운 것이 아니라 그에 상응하는 우리의 마음이 어렵고 모호하다. 만족하면 왠지 불안하고, 만족하지 못하면 괴롭다. 또한 만족하면 왠지 안일하고 발전이 없어 보이는데, 그렇다고 일부러 만족하지 않을 수도 없다. 대체 어쩌라는 것인지 정말 하루하루 매 순간이 헷갈림 그 자체다.

  삶의 진실은 이러한 어려움 가운데 있다. 현자賢者들은

이 어려움에 대한 답을 찾았거나 나름대로의 해석을 내렸지만, 나는 그저 휘둘리고 있음을 반성하고 스스로를 돌아본다. 자신에게 만족하지 못하는 걸 인정하고, 좀 더 나에게 만족하고자 꼬리를 내린다. 만족을 자유자재로 누릴 줄 아는 사람이 삶을 잘 살아낼 것이란 믿음이 있기 때문이다. 우연히 마주한 오랜 한자 명언에서도 이와 같은 뜻을 찾을 수 있었다. 만족을 모르면 괴롭고, 가장 바람직한 것은 만족할 줄 아는 것이다.

나의 만족을 관리할 것

만족의 중요성은 누구나 잘 안다. 그러나 이는 지식일 뿐, 머리로만 알고 실천하지 않는다. 만족은 지혜가 되어야 한다. 그래야 실천에 이를 수 있다. 또한 지혜는 깨달음이 동반될 때 얻을 수 있다. 단순히 외우는 게 아니라, 머리로 받아들이고, 해석하여 스스로를 돌아보는 마음이 필요하다. 이 과정을 거쳐야 실천할 수 있는 진정한 지혜가 된다.

　나는 만족이 삶의 모든 순간과 연결되어 있다고 생각하는데, 특히 시간과는 더 깊은 관계를 맺고 있다. 만족여부에 따라 우리는 시간을 지배할 수도, 시간에 지배당할 수도 있기 때문이다. 내 삶을 돌아보건대, 나는 대개 시간에 지배를 당해왔다. 즉, 만족하지 못한 날들이 비일비재했다. 시간 관리가 아니라 만족 관리를 할 줄 알아야 함을 깨달았다.

　퇴근을 한 어느 날의 일이다. 할 일이 산더미고, 일을 다 마치지 못하면 잠도 오지 않을 것 같았다. 해야 하는 일을 쭉 적어보니, 할 일이 열 개가 넘었다. 숨이 막혔다. 그중 두세 개 일을 꾸역꾸역 해내고 불편한 마음으로 잠들었다. 물론 잠자리가 편할 리 없었다. 그러다 문득 불만족에 허덕이는 내가 나를 괴롭히고 있음을 느꼈다. 괴롭힘을 당하는 나에겐 더 큰 불만족이 남는다. 악순환을 거듭하는 이유가 뭘까?

苦莫甚於多願 (고막심어다원) 만족을 모르는 것처럼 괴로운 것은 없다.

만족을 모르는 것이다. 가장 큰 문제는 완벽하지 못한 존재가 완벽을 꿈꾸는 데 있다. 스스로를 괴롭히는 가장 빠르고 가장 강력한 방법이다. 어차피 완벽하지 못할 거면서 불필요한 것에 목숨 거는 일이 허다하다.

知止所以不殆 (지지소이불태) 위험을 피하려면 멈추는 것을 알아야 한다.

해야 할 일이 많고 하고 싶은 일도 많지만, 퇴근 후 또 다른 일을 할 수 있다는 게 가능한가? 온종일 직장에서 고생한 내가 계속해서 나를 닦달하는 모양새다. 애초에 할 수 없는 목표를 세우고는 하지 못한 것에 대해 만족하지 못하는 어리석음은 누구한테 배운 걸까? 멈춰야 할 선을 알아야 하고, 내 그릇에 맞는 정도의 일을 해야 한다.

禍莫大於不知足 (화막대어부지족) 만족할 줄 알라. 만족을 모르는 것이 모든 화의 근원이 된다.

만족을 모를 때 사람은 어떻게든 병이 난다. 병은 나에게 가장 큰 화다. 마음의 병이 더 무서운 법이다. 한 편이 되어 이 험한 세상과 싸워 나가야 할 내가 나를 닦달하면 병이 나지 않을 수 없다.

事能知足必常安 (사능지족필상안) 자기가 한 일에 만족함을 알면 항상 편하다.

퇴근 후에는 딱 세 가지만 하기로 스스로와 협의했다.

첫째 글쓰기(시간 관련 글 하나), 둘째 운동 (집 앞 내천 한 바퀴 돌고 오기), 셋째 재테크 공부 (재테크 책 두 챕터 읽기).

내가 하고 싶거나 해야 하는 일의 극히 일부도 안 되

는 것들이다. 마음 같아서는 글 서너 개와 전력 달리기 그리고 재테크 강의는 물론 밀려 있는 일을 더 하고 싶었다. 그러나 마음을 가라앉히고, 세 가지를 끝내고 마음 편히 자자고 스스로와 약속했다. 생각보다 이른 시간에 그 세 가지 일을 마무리했을 때, 이전과 다른 마음의 편안함을 느꼈다.

吉莫吉於知足 (길막길어지족) 가장 바람직한 일은 만족할 줄 아는 것이다.

결국 만족할 줄 아는 게 바람직하다는 걸 깨달았다. 이전까지 지식이었던 이 문구가 지혜가 된 순간이다. 시간에 지배당하지 않았다는 그 느낌은 느껴보지 못한 희열이기도 했다.

언제나 내 인생을 어렵게 하고, 삶을 짓누른 건 다름 아닌 내 욕심이었다. 욕심은 만족할 줄 모르게 만드는 주

범이다. 물론 결핍은 성장의 원동력이 되기도 한다. 그러나 스스로를 나무라고, 다치게 하는 불만족은 결핍과는 결이 다르다.

　욕심은 쉽게 사라지지 않겠지만, 만족하는 순간을 늘리는 게 나의 목표다. 그 순간을 늘리려면 욕심과 탐욕의 순간을 잘 헤아려야지 싶다. 한계를 인정하고, 그것에 맞춰 계획을 세우고 일을 완수함으로써 나는 만족하는 삶을 향해 나아가고 있다.

불편한 선택의 힘

삶은 언제나 어려운 선택이거나 쉬운 선택의 연속이었다. 나는 그 사이에서 내내 방황했다. 어설픈 완벽주의에 빠져 늘 어려운 선택을 하려 힘썼다. 순간의 충동으로 단 1퍼센트도 지켜내지 못할 목표들을 높게, 더 높게 세웠다. 결과는 언제나 참패였다. 참패를 안겨다 준 존재도, 참패를 당한 존재도 다름 아닌 '나'라는 사실이 스스로를 더 참담하게 만들었다.

참담한 존재는 무기력해진다. 무기력한 존재는 쉬운

선택을 하게 된다. 욕구가 이끄는 대로, 감정이 자극하는 대로, 엔트로피가 증가하는 방향으로 흐른다. 절제의 개념이 옅어지고, 주체라는 의지가 사라진다. 내가 쉬운 선택을 하는 게 아니라, 쉬운 선택이 나를 좌지우지하는 모양새다.

먹고 싶은 대로 먹으니 체중이 불어나고, 건강이 나빠진다. 화내고 싶은 대로 화내고, 즐기고 싶은 대로 즐기다 거울을 보면 그곳엔 정말로 내가 원하지 않았던, 그렇게 될까 봐 두려워하던 한 사람이 우두커니 서 있었다. 감정에 욱해 급진적으로 상황을 바꾸고 싶어 또다시 어려운 선택을 하는 수렁에 빠지고, 결국 또 무기력해지면서 쉬운 선택을 하게 되는 그러한 악순환의 삶을 살아온 것이다. 단언컨대 이러한 삶을 180도 바꾸고 악순환을 선순환으로 전환할 수 있었던 건 바로 불편한 선택을 한 이후부터였다.

'불편한 선택'은 꾸준함이란 결과를 낳는다. 꾸준함이

란 매 순간을 치열하게 살아야만 얻어지는 게 아니었다. 거창한 선택이 삶을 바꿔줄 거라는 착각에서 벗어나야 한다. 변화는 급진적이 아니라 점진적이어야 한다. 그저 한 걸음 더 나아가고, 한 마디 정도만이라도 더 자라나면 된다. 쉬운 선택이라는 유혹에 빠지지 않고, 어려운 선택이란 충동에 들썩 거리지 않으면 되는 것이다.

쉬운 선택은 과거로부터 누적된 무기력함에서 온다.

어려운 선택은 불안하고 막연한 미래에서 온다.

불편한 선택은 지금을 가리킨다.

과거에 결박되지 말고, 미래에 속박되지 말라. 지금 내가 할 수 있는 최소한의 것을 찾아 실행하라. 과거의 쉬운 선택이 지금의 후회를 가져온다는 그 메커니즘을, 우리는 이미 엔트로피 법칙을 통해 살펴보고 이해했다. 그렇다면 지금의 불편한 선택은 분명 우리에게 더 좋은 것들을 가져다줄 것이라고 확신할 수 있다.

이 내면의 목소리를 깨닫는 데 나는 수십 년이 걸렸다. 왜일까? 스스로에게 묻지 않았기 때문이다. 질문이란 건 그리 큰 에너지를 필요로 하지 않는다. 단지 먹고살기 바쁘다는 핑계와 그보다 더 중요한 게 있다는 변명, 정작 그 시간에 (아주 잠깐만) 짧은 동영상을 보고 시작하자는 이유로 미뤘다. 쉬운 선택의 연속이 스스로에게 질문조차 하지 못하게 한 것이다.

나는 여러분이 이 책을 통해 점진적으로 변화를 만들어내길 바란다. 더 이상 소모자와 소비자에 머무르지 말고 생산자로 거듭나길 바란다. 자신을 좀 더 이해하고, 쉬운 선택을 해왔던 스스로의 메커니즘에 대한 관점을 바꾸어 삶의 추세를 바꾸길 바란다.

일을 더 잘하고 싶은가?

능력을 인정받고 싶은가?

승진을 하고 연봉이 더 높아지길 바라는가?

직장 생활 이후, 제2의 삶을 미리 준비하고 싶은가?

사이드 프로젝트를 통해 자아실현과 경제적 파이프 라인을 구축

하고 싶은가?

궁극적으로 이전보다 더 많은 것들을 이루어내고 성공하며 스스

로를 사랑하고 싶은가?

어렵지 않다. 그저 쉬운 선택의 유혹에서 벗어나 조금
만 에너지를 들이면 된다. 작은 무엇 하나라도 생산하기
시작하면 된다. 불편한 선택이 삶을 더 편하게 만들어줄
것이며, 쉬운 선택이 함부로 당신을 넘보지 못할 것이다.
그 선택의 주체는 바로 당신이다. 불편한 선택이 당신을
앞으로 나아가게 할 것이다. 이 책을 끝까지 읽은 당신은
이미 생산자의 삶으로 나아가기 시작했다.

무질서한 삶의 추세를 바꾸는

생산자의 법칙

초판 1쇄 발행 2023년 6월 20일

지은이 스테르담

기획편집 김소영
디자인 알레프 디자인

펴낸곳 언더라인
출판등록 제2022-000005호
팩스 0504-157-2936
메일 underline_books@naver.com
인스타그램 @underline_books

ISBN 979-11-982025-2-9 03190
ⓒ 스테르담, 2023, Printed in Korea